日本“经营之圣”稻盛和夫

1998年胡锦涛同志访问京瓷

| 2011年稻盛和夫作客CCTV2《对话》节目

| 2010年稻盛和夫执掌“日航”

| 2010年6月稻盛和夫在经营哲学（北京）报告会上讲演

| 2010年6月稻盛和夫经营哲学研究会揭牌

| 2010年“盛和塾”长野例会现场

| 2000年KDDI新闻发布会（右侧为稻盛和夫）

| 1987年公众长途电话服务正式投入运营（右侧第二位为稻盛和夫）

| 1952年鹿儿岛大学时代（后排左侧为稻盛和夫）

| 稻盛和夫与家人在一起

| 1973年初把“夏威夷旅游”定为公司目标（左侧第二位为稻盛和夫）

| 稻盛和夫出家化缘场景

| 日本圆福寺

| NHK拍摄专题片《世界：我的心灵之旅》

| 2010年稻盛和夫经营哲学（北京）报告会合影留念

| 2009年稻盛和夫与日本“盛和塾”塾生合影

经营为什么需要哲学

[日] 稻盛和夫◎著
inamori kazuo
曹岫云◎译

中信出版社
CHINA CITIC PRESS

图书在版编目（CIP）数据

经营为什么需要哲学 /（日）稻盛和夫著；曹岫云译 . —北京：中信出版社，2011.6（2021.1 重
ISBN 978-7-5086-2724-3

I. 经… II. ① 稻… ② 曹… III. ① 陶瓷工业－工业企业管理－经验－日本－现代 ② 稻盛和夫－生平事迹 IV. ① F431.367 ② K833.135.38

中国版本图书馆 CIP 数据核字（2011）第 046304 号

本书经稻盛和夫认可，由稻盛和夫（北京）管理顾问有限公司授权，在中华人民共和国境内以简体字的方式独家出版发行

经营为什么需要哲学
JINGYING WEISHENME XUYAO ZHEXUE

著　　者：[日]稻盛和夫
译　　者：曹岫云
策划推广：中信出版社（China CITIC Press）
出版发行：中信出版集团股份有限公司（北京市朝阳区惠新东街甲 4 号富盛大厦 2 座　邮编　100029）
（CITIC Publishing Group）
承 印 者：北京通州皇家印刷厂
开　　本：880mm × 1230mm　1/32　　**印　　张**：6.75　　**字　　数**：100 千字
版　　次：2011 年 6 月第 1 版　　**印　　次**：2021 年 1 月第29次印刷
京权图字：01-2011-3006
书　　号：ISBN 978-7-5086-2724-3/ F · 2283
定　　价：35.00 元

http: //www.publish.citic.com　服务传真：010-8484900
E-mail: sales@citicpub.com
author@citicpub.com

目 录

总序

日本京瓷名誉会长
稻盛和夫

从1959年至今长达半个世纪内，我创建并经营了京瓷和KDDI两个企业集团。很幸运，这两个集团都取得了长足的发展。现在这两家的业绩简单相加，销售额达4.7万亿日元，利润逼近6 000亿日元。

另外，去年，我接受日本政府的邀请，就任代表国家形象的、破产重建的日本航空公司的董事长，在重建过程中，我着力于经营干部的意识转变，以及企业体质的改善，这样努力的结果，第一年就取得了可喜的成果，业绩大幅超过了重建计划中预定的数字，现在日本航空的利润率已达到两位数以上，正在变成一个高收益的企业。

取得这些成就，原因不过是在企业经营中，我彻底地贯彻了经营的原理原则而已。那么所谓原理原则是什么呢？那就是“贯彻做人的正确的准则”。我在必须做出经营判断的时候，总要扪心自问：“作为人，何谓正确？”坚持把作为人应该做的正确的事情以正确的方式贯彻到底。

或许有人认为，这样的经营要诀未免太简单、大朴实了。但是，正因为贯彻了这条原理原则，我自己，以及继承我工作的京瓷和KDDI的经营干部，才没有发生过经营判断上的失误，才使企业顺利地成长发展到今天。

我的经营哲学还有另外一个侧面。那就是：立足于宇宙的本源以及人心的本源来展开经营活动。

我认为，在这个宇宙间，流淌着促使万物进化发展的“气”，或“意志”。同时我认为，人的本性中充满着“爱、真诚与和谐”。所谓“爱”，就是祈愿他人好；所谓“真诚”，就是为社会为世人尽力；所谓“和谐”，就是不仅让自己也要让别人生活幸福。

我们每一个人都以充满着“爱、真诚与和谐”之心去生活、去工作，那就意味着与引导万物向好的方向发展的宇宙的潮流相一致，这样我们的经营就会顺畅，人生就会美满。这就是我在将近 80 年漫长的人生中所坚信不疑的“真理”。

本书就是遵循这样的思想，由近年来我在中国的讲演为主编辑而成。面对中国的经营者和企业干部、政府官员和大学学者，以至一般市民，我都从原理原则讲起，涉及人的本性和宇宙的本源，阐述经营和人生的要诀，获得了人们广泛的赞同。

近来，我的演讲集将作为系列书籍在中国出版发行，作为著者，我衷心希望，从人和宇宙的本源谈起的我的哲学，能够跨越国界、民族和语言的障碍，到达广大的中国男女老少的手中，为让他们的人生更美好、经营更出色做出我的一份贡献。同时，如果这对促进一衣带水的中日两国的友好关系也能助上一臂之力的话，那就是我的望外之喜了。

在本书出版之际，请允许我对为出版本书做出不同寻常努力的稻盛和夫（北京）管理顾问有限公司的曹岫云董事长、王建敏总经理，以及很爽快地为本书提供论文的中国和日本的有关企业家表示深切的谢意。

谨以此文作为“稻盛和夫经典演讲”系列图书的序言。

推荐序

正确思考的力量

稻盛和夫（北京）管理顾问有限公司董事长
曹岫云

思考就是哲学

“稻盛和夫经营哲学经典讲演系列”是稻盛先生多年来不断思考的结晶。我想将自己在编译这系列书籍过程中的感想告诉读者。

“心之官则思”，每个人每天都在思考。但思考有自觉和不自觉之分，有深刻和肤浅之分，有正确和错误之分。

思考是种子，行动是花朵，成败是果实。从这个意义上讲，思考是一切的起源。

参天大树原本只是沉睡的种子；翱翔天空的苍鹰早先只在卵中待机；世界上一切伟业最初不过是伟人心中的一个梦想而已。

中国历史上没有“哲学”这个词汇，据说这个词汇从日本引进，而日本又从希腊语“philosophia”翻译而来。被称为“近代哲学之父”的笛卡尔说：“我思，故我在。”据说西方有人对“哲学”的定义是：“对人的本质进行思考这种行为本身就是哲学。”提倡自由深入地思考，其结果之一，就是促进了科学技术的迅猛发展。

经营哲学

在稻盛和夫先生之前，日本很少甚或没有人将“经营”和“哲学”两个词汇联系在一起。而在中国，改革开放后虽然提倡“科学管理”，但是在很长时间内却没有“经营哲学”这样的说法。近年来，“经营哲学”这个词汇在日本、在中国开始流行，逐渐成为常用语。

但是早在50多年前，稻盛先生就开始思考经营和哲学的关系。

1956年，稻盛在一家名叫“松风工业”的陶瓷企业打工，时年24岁。

当时日本三井物产有一位“大人物”吉田先生负责“松风工业”绝缘瓷瓶的出口业务。吉田常来公司调查。他发现该公司其他部门意气消沉，唯有稻盛领导的“特磁科”士气高昂，热火朝天，吉田觉得不可思议。

凑巧的是，这位吉田先生和稻盛在鹿儿岛大学时的恩师内野教授是东京大学的同窗好友。内野在吉田面前曾经多次夸奖过稻盛。吉田在调查结束时提出要约见稻盛和夫。

稻盛觉得吉田虽然是老前辈又是大人物，但很可亲，值得信任，同他交流是难得的机会，于是就将平时头脑里经常思考的“松风工业”经营上的事情，直率地、毫无保留地告诉吉田。切身经历加上深思熟虑，稻盛讲得既生动又具说服力，无论是话题、措词、内容还是其中包含的思想，都与稻盛当时的年龄、身份很不相称。吉田先生一声不响，神情专注，静听稻盛述说，最后大声说道："才二十几岁，年轻人，真不简单，你已经有了自己的philosophy。"

稻盛当时不知道"philosophy"是什么意思，回到宿舍一翻辞典，"philosophy"就是"哲学"。那瞬间，稻盛心中不由自主地一阵颤动。

吉田不愧为有见识的大人物，他一句话就点中了稻盛的本质特性，可以说，这句话催生了后来的"京瓷philosophy"即"稻盛哲学"。

"经营为什么需要哲学？"这就是几十年来稻盛经典讲演的主题之一。如果说泰勒首倡了"科学管理"，那么稻盛和夫首倡了"经营哲学"。我想这种说法符合事实。

正确思考

稻盛先生白手起家，40年间创建了京瓷和KDDI两家世界500强企业。2010年2月1日，78岁高龄的稻盛先生在退休13年后东山再起，应日本政府邀请，出任破产重建的日航董事长，在万众瞩目之下，仅仅10个月，就大幅度扭亏为盈，创造了日航历史上空前的1 580亿日元的利润。然而，这一切不过是稻盛哲学的产物。或者说，这种不可思议的成功仅仅起源于稻盛先生的正确思考。

稻盛先生是理工科出身，作为一名科学技术工作者，在精密陶瓷领域，他年轻时就有许多划时代的发明创造。稻盛先生具备科学家合理思考、追究事物真相的科学精神。

作为企业家，稻盛先生气势如虹又心细如发。他不但善于把握宏观形势，做出类似参与通信事业这样超人的战略决策，而且在企业管理的所有细节上，通过贯彻“钱、物、票一一对应”、“双重确认”、“玻璃般透明的经营”等方法，彻底把握经营的实态，把握事情的本质。稻盛先生创建了精致、缜密、实用的《稻盛和夫会计实学》和《阿米巴经营》模式。如果你读这两本书，相信你一定会对稻盛先生彻底的实事求是态度肃然起敬，并且能理解稻盛的企业50年持续盈利的秘诀。有如此作为的企业家闻所未闻。

为了进一步净化自己的心灵，在精神世界追求更高的境界，65岁后，稻盛先生曾一度投入佛门，认真修行。稻盛先生并不停留在对佛教单纯的信仰上，结合自己丰富的人生实践，他还对佛教的精髓“六波罗蜜”即布施、持戒、精进、忍辱、禅定、智慧，作出了积极的、深入浅出的解释，令人倍感亲切。

科学家、企业家、宗教家之外，我认为稻盛先生最本质的特色在于他是一位“彻底追究正确思考的哲学家”。人类有史以来有不少卓越的思想家、哲学家。而哲学家同时又身兼科学家、企业家、宗教家，一身而数任的人，稻盛先生或许是独一无二、天下无双。而更可贵的是：稻盛先生不仅养成了深思熟虑的习惯，而且他是一位彻底地追求正确思考的哲学家。

人究竟应该怎样生活？企业家应该如何正确地经营企业？正确的人生观对个人、组织、人类具有何等重大的意义？提出如此重大命题的人意外的少。而不停地提出、思考、回答这些问题的，就是稻盛先生的哲学和实践。

稻盛哲学的原点是“把‘作为人，何谓正确？’当作判断一切事物的基准”。

稻盛哲学的核心用一个方程式表达就是：

人生 · 工作结果＝理念 人格 × 热情 × 能力

–100~+100　0~100　0~100

如此鲜明简洁地提出如此重要的哲学观点，并一辈子切实实践的企业家，稻盛之前无古人。

正确思考的威力

稻盛先生的青少年时代充满挫折甚至苦难。大学毕业后好不容易入职的企业却连续十年赤字，连工资也不能如期发放。为此，稻盛先生曾经怨天尤人。但当身为技术员的稻盛先生正确思考一个优秀的技术员应该如何开展研究工作，并全身心投入时，奇迹出现了。

稻盛绊着松香容器、差点摔倒的一瞬间，他发明了精密陶瓷中划时代的新材料镁橄榄石；当他看到高温炉中板状陶瓷零件像鱿鱼般翘曲时，突然产生用手从上面压住的冲动，从而获得灵感，干脆利落地解决了重大的技术难题……

稻盛27岁创业，因为不知如何正确经营企业而苦恼时，他又获得灵感，确立了在经营中判断一切事物的基准——作为人，何谓正确。

京瓷初创时的28名员工中，20余名是初中生，稻盛自己也只是一家地方大学的毕业生。为了回答“能力平凡的人怎样才能取得不平凡的成功”，稻盛想出了上述精彩的人生方程式。

京瓷发展壮大，稻盛先生忙得不可开交时，他又从孙悟空拔毛吹出分身的故事中获得灵感，创造了“阿巴米经营”模式，实现了真正的全员经营，奠定了京瓷、KDDI稳步而又快速发展的基础。

孙正义创建的“软银”也是世界500强企业。孙正义曾是稻盛创办的“盛和塾”的塾生。最近在拜访稻盛先生时，孙正义说：“如果没有稻盛先生敬天爱人的思想和阿米巴经营，就没有软银的今天。”

“盛和塾”现在已有7000名企业家塾生，他们学习并实践稻盛先生正确的经营思想，大部分企业都有了不同程度的进步，其中近百家企业已经成功上市。

神的智慧

稻盛先生2010年2月1日正式出任日航董事长，而在此前的1月19日，日航公开宣告破产。这一天稻盛按预定日程乘日航的飞机参加夏威夷盛和塾的开塾仪式。在大阪关西机场，稻盛对前来送行的日航关西分店长山口先生说：“我是为了日航的员工才到日航来的。”

又说："日航的干部要一天24小时思考日航的经营问题。"这两句话深深地刻入了山口先生的心中。

稻盛先生强调："在高尚的思想里蕴藏着巨大的力量"。为什么呢？

思考是人的显意识在发挥作用。但如果你怀抱善念，针对某一难题，朝思暮想、左思右想、前思后想、苦思冥想，一天24小时思考，反复地、深入地、强烈地思考，这样，你的愿望会渗入潜意识。在不经意间，潜意识会突然给你灵感，让你心中一亮，立即抓住事物的核心，问题顷刻间迎刃而解。

稻盛先生把这种灵感称为"神的智慧"。回顾发明镁橄榄石的过程，稻盛先生说："当时在我头脑里闪过的这种灵感，并非出于我个人的实力，在我偶然绊上松香树脂容器的一刹那，是神给了我启示，让我产生思想的闪光。是神看到我日日夜夜、呕心沥血、苦苦钻研的样子，心有不忍，可怜我，故意让我绊了一跤，赐予了我最高的灵感。"

稻盛先生说："如果不是这样，就无法说明为什么能力平平，缺乏知识、技术、经验、设备的我，竟然能够做出世界一流的发明创造。"

宇宙之心

根据宇宙物理学最权威的"大爆炸"理论，广袤浩瀚的宇宙原本只是一小撮高温高压的基本粒子的团块。经"大爆炸"产生的质子、中子、介子组成原子核，再与电子结合构成原子，原子结合形成分子，分子组成高分子，从中产生DNA从而孕育出生命体，生命从低级进化到高级，最终出现人类。宇宙为什么在演化过程中一刻也不肯停顿呢？这绝非偶然。不妨设想存在着"宇宙的意志"，或叫"宇宙之心"，它促使森罗万象一切事物向好的方向发展。稻盛先生强调，如果我们的想法与"宇宙的意志"同调，我们的事业一定繁荣昌盛，反之，即使一时成功，最终必然衰落乃至灭亡。个人如此，企业如此，国家如此，整个人类亦如此。

“稻盛和夫经营哲学经典讲演系列”是稻盛先生十几年甚至几十年思考和实践的产物，是正确做人做事的最高智慧，其中妙语如珠，格言箴言接二连三。其中每一篇都足以引发我们深思，如果它溶入我们的血液，我们的事业一定繁盛不衰，我们的人生一定幸福美满。

第一章

北京大学国际MBA学院演讲：经营为什么需要哲学？

稻盛和夫

我是刚才承蒙主持人介绍的稻盛和夫。

今天我讲的题目是“经营为什么需要哲学”。首先请允许我做一下自我介绍。

1. 创业历程

我于1932年出生于日本西南部的鹿儿岛，大学的专业是无机化学。毕业后就职于日本古都京都的一家电瓷瓶制造公司，当一名技术员。后来在几位友人的支持下，于1959年，也就是在我27岁的时候，在京都创立了一家生产新型精密陶瓷的“京都陶瓷”公司。

虽然是白手起家，但我开发的新型陶瓷材料深受业界欢迎，京瓷也努力将这种材料应用于各种领域。

创业以来的50年里，京瓷充分利用精密陶瓷的特性，开发了各色各样的产品，从各种精密陶瓷元器件到太阳能电池、医用材料，以至手机、打印机、复印机等终端产品，京瓷已经成长为日本代表性的制造型企业之一。

在中国，京瓷已在上海、东莞市石龙镇以及天津建立了制造基地，生产电子零部件、打印机、复印机和太阳能电池。

另外，在日本还有一家同样也是由我创办的KDDI公司，京瓷是其第一大股东，KDDI从事长途电话和移动通信业务。KDDI公司在通信行业的新准入企业中位居首位，现在已成为日本国内第二大通信运营商。

除此之外，京瓷还有宾馆以及从事电脑系统服务等等的企业群。从材料到零部件、元器件，从机器设备的制造到通信、服务，像这样业务涉及整条产业链，业务领域又如此广泛的企业，我想在全球也是极为罕见的。

这些我创建的企业集团，2009 年 3 月期的合并销售额达到约 4.6 万亿日元，税前利润约 5 000 亿日元。

在日本中小、中坚企业之中，有很多经营者想要学习我的经营思想。因此，从 1983 年起我就义务传授我的经营哲学，并以“盛和塾”这种经营塾的形式在全国展开。

“盛和塾”以日本国内为主，现在在全世界已经发展到 57 家，塾生超过了 5 500 名。另外，在中国我也受到了邀请，在无锡开设了“盛和塾”。

2. 世界经济发展趋势

我经常有机会访问中国，而且每次访问都发现中国经济正在以惊人的速度发展，充满着活力，让我大为惊叹。

同时，看到如此高速发展的中国，使我回想起经历了二战的毁灭性打击之后复苏的日本，克服了战后的贫穷和混乱，全体国民团结一心朝着经济高速发展的方向勇往直前的景象。

二战后的日本，在自由竞争中出现了许多企业，互相切磋琢磨，促进了经济的发展，而每一个国民都满怀着对富裕生活的渴望，拼命工作。结果，在二战后仅用了短短 20 年的时间，就把日本建成了世界上为数不多的工业大国。

虽然日本国民获得了物质上的富裕，但在经济高速成长的过程中，许多日本企业只顾追求自身的利益，无视国民生活和地球环境，因而给社会带来了很大的弊病。

公害问题就是其中之一。战后 20 年时，产业活动所引起的公害问题开始浮现出来。忽视自然环境，只顾追求企业利益的产业活动，使山清水秀的日本列岛变成了污滩。河川和大海被污染，连鱼虾都无法栖身，工厂周围的上空，被工业废气所笼罩。

公害问题一时成了威胁日本国民生存的社会问题，通过官民的共同努力，终于得到了有效的改善。

然而，片面追求自身利益的社会风气，不仅没有得到遏制，反而日益膨胀。国民渴望富裕的欲望没有止境，人们一味追逐个人的私利。结果，经营者和国民染上了不劳而获、少劳多获的庸俗习气，片面追求物质富裕的欲望导致了精神上的贫困。

正是这样的世风才产生了80年代后期的“泡沫经济”。在这样的风潮中，不仅经营者，就连普通市民，也热衷于对股票和房地产的投资，看着自己的资产不断膨胀而得意忘形，甚至有人还傲慢地说，日本人的资产足以买下整个美国国土。

这样的狂妄和贪婪不断蔓延，最后以经济界、政治家、官僚等相继贪污及丑闻等形式一举爆发了出来。

然而，泡沫经济不可能一直持续下去，理所当然地破灭了。结果，日本经济走向了另一个极端，陷入了通货紧缩，从此就是所谓“失去的十年”，日本陷入了长期萧条的痛苦之中。

另外，从2008年开始，由美国的次贷问题所引发的金融危机的风暴席卷了全世界，金融市场一片混乱。至今它已经深刻地影响到实体经济，带来了全球性的经济萧条。

发端于美国金融危机的全球性经济大萧条，直接原因似乎是金融衍生产品使用过了头。但我认为，它的根本原因是：人们为了满足自己的欲望不择手段地追求利益的最大化，是失控的资本主义本身的问题。

然而，初始的资本主义，并不只是将人类的欲望作为动力的。

回顾历史可以发现，资本主义诞生于基督教社会，特别是伦理道德严格的新教社会。也就是说，初期资本主义的推进者们都是虔诚的新教徒。

著名的德国社会科学家马克斯 · 韦伯认为，他们贯彻基督所提倡的“邻人爱”，尊崇劳动，生活尽量俭朴，他们的基本信条是将产业活动所获得的利润用于社会发展。

同时，企业必须以任何人看来都是正确的、光明正大的方法去追求利润，而其最终目的就是贡献于社会福利。就是说“为社会，为世人”，才是那些新教徒的，也就是初期资本主义的伦理规范。

在距今约300年以前，商业资本主义开始萌芽的江户时代中期，日本出现了一位名叫石田梅岩的思想家。

他认为“在商业活动中追求利润并不是罪恶，但行商必须正直，决不可欺诈，决不能有卑劣的行为”，他强调行商中伦理道德的重要性。另外，他还说，经商必须要做到“人我双赢”。

就是说，在日本资本主义的萌芽期，“企业应该追求社会正义，企业人应具有高尚的伦理观”这个基本思想是相当普及的。

如此看来，无论是在欧美还是在日本，初期的资本主义被理解为是一个“为社会做好事的系统”。其推进者们力求通过经济活动来实现社会正义，为人类社会的进步与发展做出贡献。正因为有了这样的社会伦理观，所以资本主义经济才得到了飞速的发展。

然而，具有讽刺意味的是，曾经作为资本主义发展原动力的伦理观，随着资本主义经济的发展反而逐渐淡漠。不知从何时起，许多企业的经营目的和经营者的人生目标逐渐堕落到“只要对自己有利就行”的利己主义。制约人内心的伦理规范的丧失，导致先进的资本主义社会趋向堕落。

尤其是日本，因为缺乏像欧美各国那样的基督教的社会背景，二战以后，人们一味追求经济上的富裕，而对道德、伦理以及社会正义的重视程度急剧下降。人们虽然获得了经济上的富裕，但是社会却偏离了资本主义的本意，陷入颓废。

资本主义的本意决不是只要为了赚钱就可以为所欲为。只有具备了严格的精神规范，资本主义才有可能正常地发挥它的功能。

特别是经济界，作为推动资本主义发展的经营者本身，必须重新认识支撑资本主义发展的伦理道德这一层面的重要性，确立在任何人看来都普遍正确的经营哲学，并以此严格自律。

3．不只为自己，也为社会追求利润

观察中国的情况，中国在坚持社会主义体制的前提下，引进市场经济的模式，实现了经济的高速增长。中国的经营者们以类似于资本主义一样的市场自由度，从事经济活动，经济的繁荣举世瞩目。

正如象征资本主义的“美国梦”一样，如今理想中的“中国梦”在商业、制造业等领域也层出不穷。谁都有成功的机会，受到周围实际成功者的刺激，“自己也要成功”，抱有这种进取心的人正在中国大量涌现。人民的热情，人民的能量正在推动中国蓬勃发展。

如果今后贵国国民能继续维持这种高涨的热情，贵国的经济能以现有的速度持续发展，那么我认为在不久的将来，中国一定能成为世界上屈指可数的经济大国。为此，我希望中国的经营者们，不仅应该学习欧美各国和日本最新的经营技巧，还要学习“不只为自己，也为社会追求利润”这样一种基本的哲学思想。这种思想包含在前面所提及的资本主义的“原点”之中。

如果做不到这一点，就会重蹈日本和欧美等发达国家的覆辙，经济就无法得到持续、健康的发展。

同时，应该通过倡导这种高尚的哲学，使正义、公平、公正的观念渗透到整个社会，在全体国民中提倡“谦虚”、“关爱”等重要的意识。如果能做到这一点，那么，中国将会成为更加富裕、更加美好的国家，全体国民都能切实地感受到幸福。

这种哲学和思维方式对集体和组织的发展意义重大。这一点，我在自己的人生道路上有着深切的体验。下面我就将这种体验告诉大家。

4．作为人，何谓正确

在27岁时我创立了京瓷。那么年轻自然没有经营的经验，同时因为是技术出身，所以经济知识和企业会计更是一窍不通。然而，既然当了经营者，既然开展了事业，就必须对接踵而来的各种问题做出判断。

虽说是一个只有28名员工的小公司，但是“这件事怎么办”、“那件事如何做”，许多事情都需要我做出决策。虽然没有经营知识和经验，但作为经营者，就必须对部下提出的各种问题做出判断。然而，应该以什么作为判断的基准，对此我感到非常苦恼。

当时，公司非常弱小，只要自己的判断出现一次失误，公司就有可能一蹶不振。一想到这里，我就因担心而夜不能寐。左思右想，烦恼之余，我得出了如下的结论。

因为自己对经营一无所知，所以就把“作为人，何谓正确”作为判断基准吧。

也就是说，我把作为人是正确的还是不正确的，是善还是恶作为经营的判断基准。

“正还是邪”、“善还是恶”，这是最基本的道德。而且从中引申出来的正义、公正、公平、勤奋、谦虚、正直、博爱等等，这些都是从孩童时代起，父母、老师教导我们的、最朴实的伦理观。

如果用这些伦理规范作为判断事物的基准，我觉得自己能够理解，能够掌握。于是，我就以“作为人，何谓正确”作为判断基准，来处理京瓷经营中的各种问题。

现在回想起来，我深深地体会到，正是依靠这样一个最基本的伦理观和道德观来开展经营，京瓷才能获得如今的成功。

为什么呢？因为这种思想不是出于经营者的私利私欲，因此能够获取员工的共鸣，员工们从内心理解并接受。所以创业之初，尽管公司规模很小，也不知道公司明天会怎样，即使在这种情况下，员工们也能够为了公司的发展而自觉地、不遗余力地拼命工作。

而且，在公司发展壮大之后，依然如此。

无论是进军海外，还是涉足不同的行业领域，甚至是收购企业，京瓷都树立了这种普遍正确的经营哲学，遍布全球的所有京瓷工厂和事务所的员工们都共有这种哲学，并在他们各自的工作岗位上实践这种哲学。

很多人评论京瓷之所以成功，是因为京瓷有先进的技术，是因为京瓷赶上了潮流。但我认为决非如此。我认为京瓷之所以成功，是因为京瓷经营判断的基准，不是“作为京瓷，何谓正确”，更不是“作为经营者的我个人，何谓正确”，而是“作为人，何谓正确”。因而它具备了普遍性，就能够与全体员工所共有。我认为京瓷成功的原因就在于此，除此之外，没有别的原因。

5.“人生方程式”的解读

为了便于理解这种“思维方式”或哲学是何等的重

要，我想出了一个“人生方程式”。下面我就给大家介绍这个方程式。

人生 · 工作的结果＝思维方式 × 热情 × 能力

我自己长期以来，就是根据这个方程式做事的。并且觉得只有用这个方程式才能解释自己的人生和京瓷公司的发展。

我出生在一个普通的家庭，家境不富裕。年轻的时候，初中和大学的入学考试，以及后来的就职考试都曾屡遭失败。

有没有一种好办法，能够让像我这样屡遭挫折，并且只具备中等才智的人，也可以做出非凡的成绩呢？经过反复思考，最后得出的就是这个方程式。

表示人生结果或者工作成果的该方程式中的“思维方式”、“热情”和“能力”三个要素，其中的“能力”也许是先天性的，包括从父母那里得到的智力、运动神经，以及健康等。

可以称为天赋的这个“能力”，每个人都不同，如果用分数来表示的话，可以计为从 0 到 100 分。

在这个“能力”上乘以“热情”。这个“热情”也可以称为“努力”。“努力”的程度也因人而异，从没有干劲、没有雄心、没有活力的懒汉，到对工作和人生充满燃烧般的热忱、拼命努力的模范，也可以从 0 到 100 来打分。

不过，这个“热情”与“能力”不同，它不是先天的，而是可以由自己的意志来决定的。因此，我总是持续地、最大限度地发挥“热情”这个要素，从创建京瓷开始一直到今天，始终坚持付出“不亚于任何人的努力”。

首先，这个“不亚于任何人的努力”非常重要。很多人都自认为自己已经尽力了，但在企业界，当竞争对手比我们更努力时，我们的努力就不奏效，我们就难免失败和衰退。所以普通程度的努力没有意义，必须付出“不亚于任何人的努力”，否则就无法在严酷的竞争中立足。

而且这种努力不是一时的，而必须是持续不断、永无止境的。周围人总劝我说“你这么干，总有一天会倒下”，但是我从创业以来，一直不分昼夜、全身心地投入工作。

如果拿马拉松作比喻，就好比把42.195公里的路程，按照短跑方式全力跑完一样。这样的事情谁都认为不可能，但我们京瓷却自始至终全速前进。尽管在陶瓷领域我们属于后起的企业，但不知不觉中那些有历史的、先行起跑的企业进入了我们的视野，我们一口气超越了他们。现在”京瓷”已经成长为全球首屈一指的精密陶瓷制造商。这就是“热情”，也就是“努力”所带来的成果。

这里的“能力”和“热情”我们用分数来表示。

比如说，某人很健康、很聪明，“能力”可打90分。但是，这个有90分能力的人过分自信而不肯努力，其“热情”只有30分。于是，90分的能力乘上30分的热情，该人的分数只有2700分。

另一个人认为“自己只略胜于普通人，能力只不过60分左右，但正因为没有突出的才能，所以才必须拼命努力”，于是他激励自己发奋努力，其“热情”为90分。于是，60乘上90则是5 400分，这比前面那位有能力的懒人的2 700分要高出一倍。

就是说，即使是只具备普通能力的人，只要他付出持续不懈的努力，就一定可以弥补自身能力的不足，而取得很大的成果。

同时，这个方程式最重要的是：在上述“能力”和“热情”的乘积之上，再要乘上“思维方式”这一要素。而且刚才说的“能力”和“热情”是从0到100分，而“思维方式”则从坏到好，有从负100分到正100分这么大的幅度。

例如，不辞辛劳，愿为他人的幸福而拼命工作，这样的“思维方式”就是正值；相反，愤世嫉俗、怨天尤人，否定真挚的人生态度，这样的“思维方式”就是负值。

这样的话，因为三要素是相乘的关系，如果持有正面的“思维方式”，人生和工作的结果就是一个更大的正值；相反，如果持有负面的“思维方式”，哪怕是少许，三者相乘的结果不仅一下子变成了负值，而且能力越强，热情越高，其人生和工作的结果反而越发糟糕。

用刚才的例子来讲，那位有60分的“能力”和90分的“热情”的人，如果他持有作为人的正确的“思维方式”，并达到90分，那么，60×90×90等于48.6万分，方程式的值达到了非常优良的高分。

相反，“能力”和“热情”的分数相同，但持有哪怕只是少许的负面的“思维方式”，比如某人的“思维方式”只是负的1分，那么方程式的结果一下子就转为负的5 400分。再比如有人持有非常恶劣的反社会的“思维方式”，达到负的90分，那么最终的乘积就是负48.6万分，给他的人生和工作带来极为悲惨的结果。

而实际上，任何国家的任何社会都有这样的经营者，他们才华出众、热情洋溢，创建并发展了企业，获得了巨额财富。然而因为他们逐渐变得旁若无人、一意孤行，因而受到社会的制裁，转眼间就从舞台上消失了。这种人的失败原因就在于“思维方式”成了负值。

那么，必须具备怎样的“思维方式”呢？前面已经谈了一些，在这里，我再列举一些我认为是正面的“思维方式”。

积极向上、具有建设性；擅于与人共事，有协调性；性格开朗，对事物持肯定态度；充满善意；能同情他人、宽厚待人；诚实、正直；谦虚谨慎；勤奋努力；不自私，不贪欲；有感恩心，懂得知足；能克制自己的欲望，等等。

正面的思维方式就是上述这些内容。那么另一方面，负面的思维方式又是指哪些呢？就是与上述正面思维方式相反的内容。在这里我也一并列举出来。

态度消极、否定、缺乏协调性；阴郁、充满恶意、心术不正、想陷害他人；不认真、爱撒谎、傲慢、懒惰；自私、贪心、爱发牢骚；憎恨别人、妒忌别人等等，这些都是负面的思维方式。

自己的思维方式究竟是正还是负，其数值是高还是低，是左右方程式结果的关键。

我想出这个方程式以后，就经常把它展示给员工，向他们说明“思维方式是何等的重要，思维方式决定了人生和工作的结果”。同时，我也时刻鞭策自己，力求使方程式的数值最大化。

同时，我就是这样，把“作为人，何谓正确”作为判断基准，“将正确的事情以正确的方式贯彻到底”。在这个基本思想的指引下，再把日常工作中一点一滴的感悟随时记录在笔记本上。

不知不觉中，笔记本就写满了，我把其中的内容归纳为“京瓷哲学”，将它作为自己的行为准则，同时作为企业哲学，努力让员工们共有。在这里，我介绍一下“京瓷哲学”中的一部分内容。

第一条是“脚踏实地，坚持不懈”。

拥有远大的理想和愿望固然重要，但即使制定了宏伟的目标，日常工作中仍然要做看似平凡简单的事情。

因此，有时会感到烦恼，觉得“自己的理想与现实之间差距太大”。

但是，无论哪个领域，要想取得卓越的成就，不可或缺的就是不断地改良和改善、进行基础性实验并收集数据、迈开双脚跑客户、接订单等等，日复一日、锲而不舍，一步一步地付出努力。

人生亦是如此。在人生的旅途中，没有喷气式飞机可以载着你轻松地抵达目的地，只能像尺蠖虫一样，一步一步地不断前行。

但是我们还是会觉得自己描绘的目标离现实太远，“每天孜孜不倦地做这样琐碎的工作，什么时候才是尽头！这样做下去，梦想能成真吗？”我们常为此焦躁不安。

实际上我也常有这样的烦恼，想把公司经营得更出色，但现在的工作、眼前遇到的问题，必须一件一件来处理，每天重复平凡的工作，这样周而复始，公司能做大吗？

但是，在实践中领悟到企业经营不能靠经营者单枪匹马，必须与员工们共同努力。一个人能做的事很有限，需要许多志同道合的人团结一致、脚踏实地、持续努力，才能成就伟大的事业。

为了让部下拥有与自己一致的想法，我利用各种场合与他们交流沟通，努力构建一个有共同理想、有统一方向的团体，将全员的力量凝聚起来，做好每一天的工作。正因为造就了这样一个共同奋斗的团队，才有京瓷今天的成就。

为了使踏实的努力更有成效，我又想到了一种方法，那就是“钻研创新”。

钻研创新，听起来似乎很难。但是，明天胜过今天、后天胜过明天，不断地进行改良和改善，不是简单地重复相同的事情，而是今天用这种方法试试，明天用更有效的方法试试。即便平凡简单的作业，只要不断地钻研创新，也会带来飞跃性的进步。

京瓷从零部件生产企业起步，如今已能制造手机和复印机等终端产品，在广泛的领域拥有尖端的技术。开发制造这些机器设备所需的涉及多方面领域的技术，京瓷最初并不具备。即使在精密陶瓷方面，创业之初京瓷也不具备高水平的技术。

从创业至今的半个世纪里，全体员工在各自的岗位上天天钻研创新、精益求精、日积月累，这样的努力才是现今的京瓷在广泛领域拥有尖端技术的源泉。

例如，京瓷在创业之初生产电视机显像管的绝缘材料——“U字型绝缘体”，为松下电子工业公司供货。当时的松下从荷兰的飞利浦公司引进技术，开始生产显像管，其核心零件就使用我开发的U字型绝缘体。

因为显像管的电子枪要通过高压电流，所以具有高绝缘性能的U字型绝缘体就成了电视机的核心部件。这一产品也奠定了京瓷发展的基础。

但就在U字型绝缘体供不应求、盈利丰厚的时期，我已把目光转向了正在崛起的电子工业领域，开始了各种新产品的研发，其中还包括研发U字型绝缘体的替代产品。

实际上在不久之后，U字型绝缘体就被淘汰了，订单全部转向新开发出的替代产品。当时如果缺乏创新精神，不及时开发新产品，因盈利丰厚而满足于单品生产，京瓷可能在创业不久就陷入进退维谷的困境。

我还继续追求陶瓷所具有的一切可能性，我相信“陶瓷的应用不会局限于电子工业领域”，所以积极探索精密陶瓷在其他产业的应用。

例如，陶瓷耐高温，其硬度仅次于钻石，不易磨损。那么在快速磨损的地方就适合使用。在某处一定有企业在寻找耐磨的零件，抱着这样的想法，我四处奔走。

当时纺织行业尼龙化纤刚刚登场，尼龙非常坚韧，在织造过程中尼龙线高速穿行，与尼龙线接触部位的金属很快被磨损，金属零件不适用，这成为一个问题。

于是我想如果用陶瓷零件取代金属，这个问题或许能够解决，于是着手开发。就这样，之后的纺织机械中采用了许多陶瓷零件。这次的成功使我备受鼓舞，“有没有其他地方也可以用到陶瓷呢？”我更积极地奔走探索。

终于在开拓美国市场的时候，我遇上了晶体管，承接了用陶瓷来生产一种叫做“标头”的零部件业务。虽然需要很高的技术，但京瓷最终还是成功地开发出了这一产品，并一度包揽了全球晶体管标头的生产制造。

过后不久，晶体管又被IC所取代，而那时京瓷早已开发出了陶瓷IC封装。伴随着尔后半导体行业的飞速发展，陶瓷IC封装使京瓷获得了飞跃性的发展。

对于这种技术的变迁，我并没预见到，只是不满足于现状，对任何事物都想钻研创新，敢于向新领域发起挑战，这才造就了现今的京瓷。不断地钻研创新、“不断从事创造性的工作”，这才是发展事业的最基本的手段。

在各位之中，有人或许认为继续现在的工作没有发展的希望，因而想从事新的工作，但由于缺乏人才、技术和资金，又只能半途而废。但这不对，在现在的工作中不断地钻研创新，彻底地追求新的可能性，就能取得卓越的发展。

决不能漫不经心地重复与昨天相同的作业，在每天的工作中时刻思考“这样做是否可行”，同时带着“为什么”的疑问，今天胜过昨天，明天胜过今天，持续不断地对工作进行改善改良，最终一定能取得出色的成就。

不懈地、踏实地努力，加上每天钻研创新、持续改良改善。这个方法不仅能够提升技术实力，而且还能使中小零散型企业成长为大型企业。说这个方法是唯一有效的方法也不过分。我想京瓷的发展就证明了这个真理。

另外，在京瓷哲学里还有一条是“玻璃般透明的经营”。自京瓷创业以来，我一直注重“以心为本的经营”，为了建立与员工的信赖关系，经营必须“透明”。

也就是说，现在有多少订单、比计划落后多少、利润是多少、这些利润是如何使用的、现在公司的处境怎样等等，这些问题不仅仅要向干部，而且要向基层员工公开，开展“玻璃般透明的经营”。

为此，根据公司所处的环境，领导人在思考什么、想达到何种目标，这些都要准确地传达给员工，这一点至关重要。公司的现状、遭遇到的问题、努力的方向等，准确地传达给员工，以此统一员工的方向，凝聚员工的力量，那么就一定能够实现既定的目标，克服前进中的困难。

另外还有一点，“开展玻璃般透明的经营”，关键就是领导人必须以身作则，带头保持光明正大的工作作风，决不能允许经营高层挪用公款和用公款随意招待。如果发生了此类事情，那必然会招致员工的反感，道德的崩溃会像野火一样，转瞬间蔓延到整个组织，甚至动摇整个企业的根基。

为了防止这些现象的发生，“京瓷哲学”里还有“光明正大地追求利润”、“贯彻公平竞争的精神”、“注重公私分明”等条文，这些都是企业经营中规定的原则。作为经营者，我严格遵守这些简洁的原则，而且努力让全体员工共同遵循。

如果没有这种哲学，情况会怎样呢？

如果经营者没有明确的哲学，企业只会片面追求利润的增加，在经营中只会片面追求合理性和效率。同时，企业内会逐渐酿成一种“只要赚钱就行”的坏风气，就会出现用不正当的手段去赚钱的员工和干部。

这种不正当的行为哪怕只有一丝一毫，倘若听之任之的话，公司的道德风气将会很快堕落。而在充满着堕落气氛的组织里，正直的人也会失去认真工作的积极性。公司的风气将急剧地败坏，业绩也会随之恶化。

实际上，快速发展的企业瞬间破产的事例，在日本、在欧美、在中国这里，都是数不胜数。

我相信“人之初，性本善”。但是，人又是很脆弱的，很容易败给自身的私欲，败给周围的环境，追求虚荣，不知不觉中若无其事地干起违背人道的勾当，这也是事实。

正因为如此，我反复强调，人在感觉迷惑的时候，需要一个判断的基准，就是哲学。特别对于雇用很多员工肩负重任的经营者来说，必须抱有以高度伦理观为基础的经营哲学，在严以律己的同时，教育员工接受并共同实践这种哲学。

为使事业取得成功，为使组织正确地发挥职能，领导者自身所持有的“思维方式”最为重要。经营者以普遍正确的“思维方式”和高尚的经营哲学来经营企业，这一点在持续地拓展事业，保持企业繁荣的进程中，同样是最重要的。

京瓷之所以成功，就像刚才我所介绍的，是因为京瓷有一个明确的经营哲学，而且不仅仅停留在纸面上，包括我在内的所有员工都真挚地、一丝不苟地、不断地实践这种哲学。我确信这才是京瓷成功的原因。

然而，这些道理追根溯源，是自古以来从中国受到的教诲，是我们在与中国长期友好往来中学到的。

比如，中国古典中有“德胜才者，君子也。才胜德者，小人也。”这样一句话，这是强调“德”的重要性的格言。“积善之家有余庆”是强调做善事的重要性的格言。“满招损，谦受益”是强调谦虚的重要性的格言。这类经典的格言不胜枚举。

正是这些格言昭示了作为人应该走的正道，是我们在日常生活中、在事业经营中，必须重视的道理。遵循这些道理，依据作为人的正确的“思维方式”行事，就能获得成功。反之，就不能成功，更谈不上取得长期持久的成功了。

然而，如开头所言，这些重要的道理，在现在的日本已经被淡忘了。比如只获得小小的成功，就陶醉起来，失却了谦虚，变得傲慢不逊、得意忘形、为所欲为。其结果，就是丧失了好不容易得来的成功。这样的经营者层出不穷。

这种现象并不只在日本一个国家发生，而是富裕的发达国家共有的弊病。也许在中国这里，也出现了同样的问题。

希望今天在座的各位，重新认识哲学和“思维方式”在企业经营过程中的重要性，在此基础上，最大限度地提升“热情”，持续地付出“不亚于任何人的努力”，同时，将自身具备的“能力”100%地发挥出来，这样就能把企业经营得有声有色。

这样做，不仅能够取得事业的成功，而且还能将成功长期保持下去，进而为整个中国经济的发展做出更大的贡献。

从我个人粗浅的经验出发，以“经营为什么需要哲学”为题，讲了上面这些话。诸位企业家聚集在北京大学国际MBA学院，对未来中国的发展担负重任。希望我今天的讲话对大家有所启示。

我的演讲到此结束。谢谢诸位静听。

第二章

稻盛和夫经营哲学（北京）报告会：经营为什么需要哲学？

稻盛和夫

我是承蒙主持人介绍的稻盛。有这么多人来参加稻盛和夫（北京）经营哲学报告会，请允许我表示诚挚的感谢。

这个会议有许多日本和中国无锡的“盛和塾”塾生赶来参加，同时还有稻盛和夫（北京）管理顾问有限公司组织的稻盛和夫经营研究中心的成员参加。

新成员中大部分人是第一次听我讲话，所以，我想就企业经营中最基本的问题，就是经营哲学的必要性谈谈我的看法，讲演题目就叫“经营为什么需要哲学”。

在座日本塾生中有人参加过此前“盛和塾”夏威夷的开塾仪式，听过我类似的讲话。但这个话题在企业经营中非常重要，希望再次倾听以便加深理解。

1. 京瓷公司的“哲学”

我在27岁时，在几位朋友的援助下创立了京瓷公司。公司创业时的产品是电视机显像管里用的绝缘零件，这是用我在此前工作过的松风工业，一家制造电力绝缘瓷瓶的企业开发的精密陶瓷材料制作的产品。

当时我还很年轻，刚从大学毕业不久，在松风工业我负责从产品的研究开发、生产制造到销售的一系列工作。就是说，不仅仅是研究新材料，而且从使用这种材料开发产品到制定生产工艺，设计生产设备，从日常的生产活动到与客户打交道的营业活动，有关这个产品的几乎全部工作都由我来承担。

但是，就公司经营而言，我没有任何经验和知识。因此，在京瓷公司成立之初，筹措300万日元的资本金，为购置设备等从银行借贷1000万日元等等事情，即创建公司的准备工作应该如何进行，我都不懂。同时，从创业后第一个月开始，虽然只有28名员工，但为支付他们的工资奖金，资金周转应该如何运作，我也摸不着头脑。

当时，产品唯一的客户是松下电子工业，我忙于去交货，忙于收取货款，努力工作，但作为经营者，到底应该怎样经营企业，从一开始，我就烦恼不安。“经营企业到底该怎么办才好？”从理念到方法，我每天都认真思考。在这个过程中，孕育出我的经营哲学的原型。

其实，时时从根本上思考事物应有的理想状态，我这种思考的习惯，从松风工业时期就开始了。松风工业连续亏本，到发工资时付不出工资，常常要拖延一星期甚至两星期，奖金就更谈不上了。企业与工会总是纷争不断，公司内红旗招展，一年到头罢工不停。情况非常糟糕。

我想离开这个公司却不能如意，公司分配给我的工作是开发精密陶瓷材料，我不得不投入这项研究。工资待遇低，缺乏像样的研究设备，条件恶劣。在这种情况下，要想做出出色的研究成果，该抱一种什么心态来投入工作？这个问题，我每天都在思考，实在烦恼不已。

从那时起，“为了做好工作，必须有这样的思维方式，必须抱这样的心态”。每当我有所感悟时，我就把自己的想法记在研究实验用的笔记本上。

当我开始经营京瓷公司的时候，我常常把记录了我工作要诀的笔记本拿出来，再添加上在经营中新的体悟，将这些工作和经营中的要点重新整理，这就是所谓“哲学”。

就是说，我自己投身于工作，埋头于经营，在实践中，“究竟该怎么做，工作和经营才能顺利进展？”我烦恼，我思索，在这一过程中，终于领悟到了有关工作和经营的理念、思维方式以及具体的方法模式，归纳起来就是“哲学”。

这种“哲学”我不仅亲身实践，而且认真地给员工们讲解。但是，将这种经营的哲学灌输给员工，让整个团队共同拥有的时候，往往受到抵制，有的人说，拥有什么思维方式，哲学，难道不是个人的自由吗？

但是，企业这样的集团，为了其中的员工们的幸福，需要树立高目标，需要不断发展成长，这就要求有正确的哲学，正确的思维方式作为共同的基准，在此基础上把全体员工的力量凝聚起来。

特别是领导众多员工的公司干部，必须是充分理解公司的思维方式，从内心与公司的哲学产生共鸣的人。“那样的哲学同我的想法不合，我无法接受”，如果有这样的干部，公司的力量就无法聚集起来。

当然，不光是干部，一般员工也要与公司一条心，一起朝相同方向努力奋斗。为此，他们必须加深理解公司的哲学、思维方式，大家共同拥有这种哲学。

但是，前面提到，这样强调，一定会有人表示抵触。尽管如此，但首先大家必须理解一个道理：企业是一个集团，为了实现高目标，大家在工作中必须配合协调，不管个人好恶，全体人员都需要拥有共同的思维方式，需要理解并赞同这样的思维方式，这是做好工作、实现企业目标的前提。

“将企业哲学强加于人，我很讨厌。”对于持这种观点的人，应该很明确地告诉他：“你抱这种观点，在这个公司我们就无法共事。你既然讨厌我们用这种哲学来经营企业，那么你应该辞职，去找一家适合你想法的公司。”

不理解、不赞同公司的哲学，而表面上又装出理解赞同的样子，彼此都不愉快，既然如此，你就应该去与你的思想哲学一致的企业。我认为这一点必须明确，没有任何妥协的余地。

2. 经营需要哲学的原因

那么，经营为什么需要哲学呢？我认为有以下三个理由，可以说明在经营企业时，经营哲学不可或缺。

第 1 个理由，所谓哲学，首先是经营公司的规范、规则，或者说必须遵守的事项。经营公司无论如何都必须有全体员工共同遵守的规范规则或事项，这些作为“哲学”，必须在企业内部明晰地确定下来。

但是，在事实上，公司的这种规范、规则，或者说必须遵守的事项并不明确的企业比比皆是。就是这个原因，无论古今中外，各色各样的企业丑闻不断发生，历史上一些有名的大企业甚至因为这类丑闻而遭到无情的淘汰。

稍稍回顾一下过去，在日本，因食品作假的雪印乳业公司，因做假账粉饰财务数据的钟纺公司，这类历史上的名门大企业都消失了。在美国，大型能源企业安然公司，美国第二的世界通信公司，都因财务做假而崩溃了。

在中国，大型乳制品企业三鹿集团，因为对三聚氰氨事件负有责任，导致资不抵债而破产，这件事在日本也有报道。

以上的例子，起因都是企业忽视了经营企业必须遵守的规范规则。企业舞弊丑闻之所以发生，都是因为企业没有明确确立自己的“哲学”，或者说这种“哲学”没有在企业里面渗透。

在多数企业里，首先就没有经营者会向员工们提出“作为人，何谓正确？”这个问题。而我思考的所谓“哲学”却正是针对这个问题的解答。同时，这也是孩童时代父母老师所教导的做人的最朴实的原则，例如“要正直，不要骗人，不能撒谎”等等。

“这么起码的东西还需要在企业里讲吗？”或许有人感到惊奇。但是正因为不遵守上述理所当然的做人的原则，才产生了各种各样的企业丑闻。

例如，为了获利，“这种程度的违规没有关系吧”，将公司内的规范规则稍稍扭曲，结果行通了。于是“稍进一步的违规也没问题吧”，规范规则更抛在一边。这样企业或者产品就会发生问题，如果将问题公开，企业可能蒙受巨大损失。于是采取“不如实公布，沉默以对”的态度。而由于内部告发、问题暴露时，企业又出面掩饰，做假报告等等。结果舆论谴责企业说谎骗人、掩盖真相，事态越加复杂，最终导致企业崩溃。

这就是出身于一流大学、跻身于一流企业领导人岗位的经营干部做出的事情。与这些企业精英们讲什么“要正直，不要骗人，不能撒谎”，似乎太幼稚太愚蠢了，他们会一笑了之。然而，这么简单幼稚的道理他们却不能实行，这就是导致企业崩溃的根本原因。

这么单纯的哲学，企业的干部们却没有将它变成日常生活中的规范、规则和必须遵守的事项。换句话说，没有将依据哲学的规范、规则和必须遵守的事项当作自己日常生活的指针，当作经营判断的基准。

我认为，正因为缺乏这种朴实哲学的人成了大企业的领导者，才招致今天世界上许多大企业丑闻频发。而其结果是造成了整个社会陷入极度的混乱。

所幸的是，因为我缺乏经营的经验和知识，有关企业经营的规范、规则和必须遵守的事项，仅仅从“作为人，何谓正确？”这一句话中引申出来，并用它来说服员工。

“作为人应该做的正确的事情，以正确的方式贯彻始终”，虽然是极为简朴的判断基准，但正因为遵循由此得出的结论去做，京瓷从创立以来长达半个世纪，经营之舵从未偏离正确的方向。后来京瓷进军海外，这样的判断基准更成为全世界普遍适用的哲学。

第 2 个理由，所谓“哲学”，它用来表明企业的目的、企业的目标，即要将这个企业办成一个什么样的企业。同时这种“哲学”还要表明，为了实现自己希望的、理想的企业目的，需要有什么样的思维方式。因此，这种哲学在企业经营中必不可缺。

京瓷公司刚诞生时，在日本的古都京都西侧的中京区西京原町借了一间木结构的房屋，当时员工尚未满百，面对他们我就反复强调：“要把京瓷这个公司办成西京原町第一的企业，西京原町第一以后，就要瞄准中京区第一，中京区第一以后，接着是京都第一，实现了京都第一，再就是日本第一，日本第一后，当然就要世界第一。”这在当时看来好似一个遥不可及的梦想。

但这既是给员工们的一个梦想，也为了鼓励作为经营者的我自己。说实话，在说出这种梦想的一瞬间，我自己心中也有疑虑。

当时西京原町已经有了非常有名的企业京都机械工具公司。当时汽车产业蓬勃兴起，这个企业从早到晚满负荷工作。要超过它成为西京原町第一，实在太难了。

说到中京区第一，瞬间就会想到岛津制作所，当时它就已经是制造理化设备日本第一的公司，近年来还出过诺贝尔奖的获奖者。要想超过岛津制作所，我自己也认为那简直是白日做梦。

更何况是日本第一。仅看同行，当时就有“日本电瓷瓶公司”和“日本特殊陶业公司”两家名门企业矗立在精密陶瓷的行业里，还是弱不禁风的京瓷公司却要瞄准日本第一，未免太过荒唐无稽了。

然而，即便如此，我却依然不断向员工们诉说“日本第一，不，要瞄准世界第一”。与此同时，为了成为世界第一的公司，干部员工应该如何思考，如何行动，从思维方式到工作方法，都要指明，就是说，必须在企业内确立这样的哲学。

实际上，从京瓷还是中小零细企业开始，我就希望把京瓷做成精密陶瓷世界第一的企业。我不断向员工们诉说为了实现这样的高目标所必需的思维方式和工作方法。朝着这一方向，全体员工团结一致共同奋斗。

因此，在我的“哲学”中，“树立高目标”，“持续付出不亚于任何人的努力”，“把自己逼入绝境”，“极度认真地生活”这类表达克己的严肃的思维方式和人生态度的句子随处可见。

我自己从年轻时开始，就强烈地意识到，必须树立高目标，为了实现这种高目标，必须具备在“哲学”中提倡的那种严格的生活态度，并努力实践至今。曾经有如下一段逸话。

日本有一家大型内衣企业华歌尔公司，总部设在京都。它的创业者塚本幸一先生活着的时候，常召集京都的企业家朋友喝酒聚会。塚本先生年龄比我大一轮，属相与我相同，他很爱护我，像亲兄弟一样。

当时京都还有一家叫罗希安的公司，也做纺织品。这家公司的第二代社长也常来聚会。他毕业于精英辈出的东京大学，后来在有财阀背景的大银行住友银行工作，子承父业当了第二代社长，大概比我小两三岁。

他喜欢喝酒，经常喝得酩酊大醉。同他一起喝酒议论时，因为我持有“哲学”里的那些思维方式，即使在喝酒时也不免谈及一些认真严肃的话题。

这时候，这位第二代社长就说：“不，稻盛君，我才不那么想呢。”他主张人生应该过得轻松快乐。因为他头脑聪明，又是名门之后，从没吃过苦头，才有那样的想法吧。

我们争论时，正好经济不景气，华歌尔的塚本社长正在担心今后的经济形势。在辩论时我说：“正因为经济环境严酷，在企业经营中更需要认真的慎重的态度。”这时这位第二代社长就说：“不，我不这么认为。”争论开始了。

这时候，塚本社长突然厉声喝道：“喂！请你闭嘴！”因为事情太突然了，我大吃一惊。性格开朗、喜欢与大家一起干杯的塚本先生板起面孔，大声呵斥，周围的人，尤其是被斥责的那位当事人不免大吃一惊。

接着塚本先生又说道：“你说什么呢，你以为你与稻盛君可以相提并论吗？你与稻盛君无法类比，你还要比什么呢？”

“稻盛君赤手空拳创办企业，把京瓷做成了如此优秀的企业。我创办华歌尔，也算搞到了现在的规模，即便是我也要对稻盛君刮目相看。而你呢，不过是子承父业，企业经营得那么差劲，你有辩论的资格吗？有什么样的哲学就会有什么样的经营，这毫无疑义。针对稻盛君的哲学，你有坚持自己的哲学的资格吗？”

就是说，轻松愉快地享受人生，马虎随意地经营企业，而经营业绩竟可以超过认真辛苦、拼命努力的京瓷，如果是这样，那么你的意见或许还值得一提。但是你浅薄的哲学只获得了很差的业绩，而你却要与取得高业绩的经营以及经营哲学唱反调，有什么意义呢？

当时，聚在一起的京都经营界朋友约有10余人，被塚本先生斥责的当事人，以及在场的其他经营者，或许多数人并不明白塚本先生说话的真义。

但当时，我痛切地感受到了塚本先生想要表达的意思。那是说，本来彼此瞄准的目标就不同，却要比较达成目标的哲学和方法，这种比较没有意义。问题在于“要攀登什么样的山”。

例如，像远足一样去爬附近的小山，当然不需要任何训练，轻装去爬山就行了。但如果要攀登险峻的高山，就需要严格的训练，需要充足的装备。

更何况，如果想征服世界最高峰珠穆朗玛峰，那就需要具备高度的攀登技术和丰富经验的人才，需要长期露营必备的充足的食品和装备，需要周密的准备。就是说，拿郊游爬小山与攀登珠穆朗玛峰相比较，展开争论没有什么意义。

“要攀登什么样的山”，这用来比喻企业经营非常贴切。就是说，京瓷从还是中小零细企业时开始，就立志要成为世界第一的陶瓷企业，为了达到这个目标，“必须有这样的思维方式，这样的方法模式”，这样的思考归纳成为“哲学”，这种“哲学”就是适合于京瓷攀登高山时所需要的准备和装备。

“要攀登什么样的山”，就是说，你想创办什么样的公司，因为目标的不同，规范公司需要的哲学、思想也不同。一旦树立了高目标，那么很自然就需要与之相适应的思维方式以及方法论。正因为如此，在我的“哲学”里就罗列着许多克己的、严肃的条目。

所以，每当京瓷的员工们去参加同学聚会时，从友人那里常听到这样的感叹：“在那么严格的公司里面，你倒还真能忍耐，看来还干得不错啊。”公司要求严格是因为京瓷瞄准的是“世界第一”的高目标。

但是，认真想一想，从京瓷还是中小零细企业时开始，我就像梦魇般地不断诉说要成为世界第一，努力奋斗到今天，京瓷果然成长为世界第一的陶瓷公司，这样的结果证明了我的哲学，即我强调的思维方式和方法论，是正确的。

如果说，我的“哲学”与我们要攀登的世界第一的高山不相适应，京瓷就不可能发展成为今天这样的公司。从这个意义上说，这种“哲学”是已经被事实证明了的正确的经营哲学。所以，希望中国的经营者们，今后能够坚定信念，认真学习这种哲学。

第 3 个理由，这种“哲学”可以赋予企业一种优秀的品格。就像人具备人格一样，企业有企业的品格。企业经营非常需要优秀的哲学，就是因为这种哲学可以赋予企业优秀的品格。

人要具备优秀的人格，企业要具备优秀的品格，要做到这些，就要弄明白“作为人应有的正确的生活态度”，而“哲学”，正像前面提到的一样，它就是用“作为人，何谓正确？”为基准进行对照，从中归纳出来的“正确的为人之道”。

这种“正确的为人之道”立足于具备普遍性的伦理观之上，所以这种“哲学”的内容超越国境，在“全球性经营”中也能有效地发挥作用。

京瓷现在在全世界有很多生产基地和销售网点，员工大部分是外国人，作为全球性企业在全世界开展业务活动。在语言、民族、历史、文化完全不同的地区和国家开展事业，从事企业经营的时候，如何“治人”这个问题特别重要。

自古以来，“治人”有两种方法，一种是欧美常见的方法，就是用强大的权力来压制人，统治人，这种办法在东亚称之为霸权主义，或称“霸道”。

另一种方法，就是亚洲，特别是以中国为中心所倡导的“德治”的方法，就是用仁义来统治的方法。这种“德治”的方法叫做“王道”。

以力量来压制人，即以力治人；以仁义治人，即以德治人。“霸道”和“王道”这两种统治方法，自古以来就争执不休。

翻开中国 4 000 年治乱兴亡的历史，这一点看得很清楚。

某个时代，用霸道夺取政权的当政者用武力迫使人们顺从，但过了不久，在睡梦中被人取了首级，用武力统治的当政者因武力而没落。尔后群雄割据争霸，由霸道统治的时代得以持续一段时间。但霸权主义终于走到尽头，乱世过后，人们渴望治世，渴望以德而治的王道出现，受到民众信任和尊敬、以仁义治国的当政者登上历史舞台。以王道治国的当政者人格圆满，仁慈平和，因政治清明而出现盛世。但经过一段时期，不行使武力的统治者因过于温和而遭到蔑视，于是反乱再起，施行王道的政权又被推翻。

中国 4 000 年的历史可以理解为霸道和王道交替出现的历史，从中可以看出，如何治人，对于任何一个时代的当政者来说，都是极为困难的课题。

创业后第 9 年，当时京瓷还是中小型骨干企业，在日本企业中算是最早进军美国的，在斯坦福大学附近的库巴第诺，就是现在的硅谷设立了事务所，派遣了两名员工，开始在美国展开营业活动。

当时正值硅谷的黎明期，事务所周边是一望无际的樱桃田，一到五月，道路边有卖樱桃的农家，我们买了樱桃，一边大口吃着，一边驾车拜访费阿卡尔德和英特尔等半导体客户厂家，展开营业活动。

工作忙碌起来以后，雇用了当地一位日裔员工。这位日裔员工面孔同日本人一样，但思维方式完全是美国人的一套，除了懂得一点日语之外，在各个方面都同我们持不同的意见，我们不得不面对这个问题。后来在山迪埃谷设厂时聘用了一位美国厂长，同他之间也总是意见对立，格格不入。

因为有了上述的经验，我认识到在海外经营企业，归根到底就是一个如何治人的问题。

当时只要现场一发生问题，我就立即飞往美国，穿上与现场工人一样的工作服到车间巡视，看到工作差的员工，就会“要这样做，要那样干”，直接批评、指导他们。例如看到当地的女工做装配作业时手忙脚乱，就会走到她身旁，“你看这么装如何？”教给她作业的方法。

这时，身穿西装的美国厂长立刻赶来现场，抱怨说："稻盛社长，你到这种地方来，让我很难堪。""我们为社长准备了单独的办公室，你只要坐在社长室，有事叫我们就行。我们会向你报告现场的情况。你穿着工作服，来到工作现场，与女员工一起，同她们做一样的工作，这让我们很为难。在美国没有这种习惯，从日本来的社长这么做，会被人小看，怎么水准这么低。"

我并不介意别人怎么想，此后，我还是同在日本一样，深入现场，与现场员工们一起拼命工作。

有一次，看到一位工作极为马虎的年长的美国员工，一副厌恶工作的表情，将陶瓷原料放进贮料机械时，竟将原料撒了一地。

让我逮着了，我严厉地斥责道："干活怎么能这样有气无力，另外，将贵重的原料洒落一地，你怎么连一点成本意识都没有。"我烈火中烧般地怒斥他。

这位年长的员工火冒三丈，即刻顶撞道："简直混账，这样的公司还干得下去吗！"吐出这句台词后，他愤然离去。

后来我才知道，这位员工原来出身于美国海军，是一位经历过日本冲绳战役并在激战中取胜的勇士，经常使用东洋鬼子这种侮辱性的语言对付日本人，对于在美国工厂工作的日本员工，他平时就出言不逊，毫不忌讳："像你这样的日本鬼子有什么资格来指挥我！"所以，这次受到我这个东洋鬼子头头的严厉斥责，他当然受不了，于是就骂我混账。

在冲绳战役中获胜，接着占领日本，后来凯旋回到美国，这么一位身经百战的勇士，却要受到日本社长的严厉呵斥，是可忍，孰不可忍！对于他而言，这样的场面之难以忍受，超出我们的想象之上，他表达的态度或许可以理解。

面临这类情况，收购了美国企业的日本企业往往忍让再忍让。但我却毅然决然，严肃地指出他的不是："你的作业态度，作为一位员工完全不合格"。我决不改变初衷，妥协示弱。

美国是一个携枪自由的国度，在美国对员工严加斥责，可能会遭到记恨，甚至说不定会遭受暗算，所以许多在美国工作的日本人因惧怕风险，很快就会向美国人做出妥协。

在美国经营企业的日本经营者对美国员工，总是避免用严厉的言辞说话，在这样的风气中，我却毫不含糊，始终采取坚决的态度。

因为我是这样考虑的："员工工作态度恶劣，就必须严肃地向他指出，要他改进，这不是霸权主义，不是以权力让当地员工屈服、以便随意驱使他们。因为我是社长，我有权力，可以随时解雇你，就是说，可以用权力进行统治。但采用这种方法，只要我一转身，员工就可以阳奉阴违，事情肯定做不好。"

"回顾历史就可以知道，在统治异族时，常常会采用暴力压制，迫使他们受范。但是，有力量压制时，他们表面顺从却面从腹背，一旦压制的力量松懈，他们会立即谋反。这虽然可悲，却是人世间的常态。"

我意识到，最重要的是，在海外当地法人企业工作的员工们，对我、对日本常驻人员，是否信任、是否尊敬，这才是问题的关键。我注意到，这才是真正的问题所在。

既不受信任，又不受尊敬，这样的人在异国他乡治人管人，当然不可能成功。同时，缺乏对企业领导人的信任和尊敬，员工们对企业就无忠诚可言，要做到不管领导人是否在场，都能一如既往、拼命工作，当然也不可能。

那么，怎么做才能得到对方的信任和尊敬呢？要赢得外国人的信任和尊敬靠什么呢？那就是优秀的人格。“那是一位人格高尚的人！”让对方能做出这样的评价，就是取得对方信任和尊敬最好的方法。

要赢得外国人的尊敬，必须具备特别优秀的人格，就是具备做人的“德”行，这个“德”字超越国界，普遍适用，万国共通。不能“以德治人”，那么在海外企业的运行就无法成功。

要求跨国经营的21世纪，企业究竟能不能发展，海外的当地法人，从领导人到基层的员工，对于公司本部，是否抱有信任和尊敬之念，这才是关键，这一点决定了成败。

对公司是否抱有信任和尊敬之念，关键就要看这个公司是不是具备优秀的品格，优秀的品格能够超越人种、语言、历史和文化的障碍，能够打动世界不同国家的人们的心，优秀的品格中充满着美好的德行。

"由高层次的哲学所支撑的、具备优秀品格的企业，它们的员工就值得我们信任和尊敬。因此，我们应该尊重他们的意见。"要让海外员工由衷地说出这样的话。因此，能够赋予企业优秀品格、赋予员工优秀人格的高层次的哲学就非常必要。这是经营为什么需要哲学的第三个理由。

上面谈的三个理由，包含在我的哲学之中。"盛和塾"杂志每一期都在解读这种哲学，我的讲话以《塾长讲话》为题刊载，"盛和塾"杂志已经发行了99期，今后将依次翻译成中文。

如果阅读“盛和塾”杂志，大家就能理解，刚才讲的三个要素形成了我的哲学。同时，大家在各自的公司里构建企业哲学时，可以用作参考。

在企业里提倡这种哲学，与员工们共同拥有这种哲学，最为重要的是要实践这种哲学。

下面这句歌词说明了将所学付诸实践的重要性：“圣贤之道，听了唱了却不做，毫无价值。”

这首歌叫“日新公伊吕波歌”，是我小时候在故乡——日本西南的鹿儿岛所学到的。当时的鹿儿岛对小学低年级学生实行“乡中教育”，这是一种独特的教育。在那里对“萨摩隼人”即精力充沛的男孩传授剑道、柔道、相扑等，并教授中国古代典籍。

其中，还教“日新公伊吕波歌”，这是日本战国时代的萨摩武将岛津忠良，也就是日新公，为教育弟子所作的数数歌。日新公强调正确做人的重要性。

这歌开头一句的意思是“无论你读过、听过多么好的道理，如果不亲身实践就毫无意义。”哲学也一样，无论学了多少，因为是过于简单的道理，将它变成自己的东西、认真实践的人反而很少。

同时，实际上，学习和掌握正确的做人的道理是一件难事。如果问我自己是否已经完全实行了正确的为人之道，答案是并没有完全实行。

圣人君子以及开悟的人，他们能够实践真理而不觉得痛苦。但我们凡人，无论学了多么好的道理，完全实行总是难上加难。这一点自古以来大家都承认，因此，刚才的“日新公伊吕波歌”一开头就唱那一句，现在还继续强调这一条。

尽管人有只说不做的习性，但是，为什么我还要跟大家反复强调“必须在企业里提倡这种哲学，必须与员工们共同拥有这种哲学”呢？

因为，将哲学融入自己的血肉，付诸实践，虽然极为困难，但理解“作为人，就应该这样去生活”，力求接近这种理想的生活状态，并为此而拼命努力的人，与不这样思考、漫不经心地生活的人之间，人生和工作的结果可能迥然不同。

就是说，对于哲学，不是能够领会或不能领会的问题，而是随时反思反省，不断努力去领悟，去体验，这才是最重要的。

这一点同宗教——不管是佛教、基督教，还是道教——所倡导的戒律是一样的。神佛有种种戒律，要求僧人和信徒遵守戒律。然而，即使是宗教界的权威人物，能够完全遵守神佛戒律的人恐怕也没有吧。

既然是凡人，想要遵守的事项就往往遵守不了，但是即使如此，还是要认真考虑，努力去遵守，随时随地翻阅经典和圣经，不断自我反省，肯这样做的人和不这样做的人，其人生和工作的结果完全不同。

必须天天反省，天天反省自己，拼命努力去实践正确的为人之道，这样做就可以一点点磨炼自己的灵魂，提升自己的人格。我认为，这一条对实践哲学而言，是最为重要的。

3．品格决定经营者的统率力

还有一点，在企业里实践哲学、希望与员工共有这种哲学的时候，倡导哲学的经营者的姿态很重要。

例如，在企业里举办哲学学习会，有时会遭到年轻员工们的抵制。因为经营者提倡大家学哲学，而充满理想的年轻员工理解这种哲学后，就会拿这种哲学来同提倡哲学的经营者进行对照，如果经营者行为不当，年轻员工察觉后就会产生抵触情绪。

前面已经提到，表达高层次的思维方式的哲学，能够完全实践的人并不存在。所以，在给员工讲解哲学之前，应该先表达如下的意思："我提议大家要学哲学，好像我自己有什么了不起似的，其实这种哲学我自己还没有实行。我虽然是公司的领导人，但至今在哲学的各个方面都没有很好实践，从这个意义上讲，我还是个尚未入门的小学生，但从今之后，我要与大家共同努力，终生去实践这种哲学。不是说因为自己还没有很好实践，就不能在大家面前提倡哲学。作为社长，我至少要提出‘应该这么去做’。因为我希望通过学习哲学，年轻人能成长，公司能发展。如果大家认为我违反哲学，那么，希望大家超越我，拥有更出色的思维方式，来带领公司向前迈进。这样做，不仅能使公司发展壮大，而且能使大家人生幸福。”

越是高层的哲学，在让年轻员工们学习理解时，越要采取谦虚的态度。讲些豪言壮语，好像自己全都理解了、全都实践了，这种态度在年轻员工们看来，不过是留下了笑柄。

能够全部实行哲学的人不存在，自己也不例外，但努力要让哲学变成自己的东西，这种姿态很重要。希望企业经营者理解这一点，与员工们共同钻研，共同实践。

沿着这个思路，最后我想谈一谈有关经营者、有关领导人资质的话题。

2002 年 4 月我与位于美国华盛顿的国际战略问题研究所（CSIS）的前理事长戴维特 · 阿布夏先生共同创

建了名为“阿布夏·稻盛领导力研究会”的领导人培训机构，共同举办了活动。

因为我们抱有危机感，我们认为：“不管什么集团，集团领导人决定了这个组织的盛衰。领导人的资质对于组织具有巨大的影响，缺乏优秀资质的领袖人物才是今天这个世界混乱的原因。”

我有机会在“阿布夏·稻盛领导力研究会”发表讲演，在华盛顿政界、官界、财界的名流们面前我讲了下面一段话。

人类社会有各种各样的组织，小到一个公益性团体，大至一个国家。在这样的组织里一定有领导这个组织的中心人物，就是被称为领袖的人物。

翻阅历史可以看到，人们的命运很大程度上为集团的领袖所左右，好的领袖可以使集团发展壮大，坏的领袖把集团带向悲剧的深渊。

有关领导人的资质，中国明代思想家吕新吾，在其论著《呻吟语》中说“深沉厚重是第一等资质”。就是说，具有厚重性格，并经常对事物进行深入思考，是作为领导人的最重要的资质。

同时，吕新吾又说“聪明才辩是第三等资质”。就是说，聪明能干，巧于辞令，不过是第三等资质。

然而，不论东方、西方，当今世界，吕新吾所说的只具备第三等资质，即“聪明才辩”的人，被选拔为领导人，这种现象相当普遍。当然这种人会干事，作为“能吏”、助手使用，可以发挥很大作用，但是，他们是否具备充当集团领导人的优秀人格，那是另外一个问题。

我认为，现在的世界上，许多组织之所以荒废不振，根本原因就是很多集团的领导人只具备第三等资质。为了让社会变得更好，把吕新吾所说的具备第一等资质的人，就是具备高尚人格的人选为领导人，极为重要。

但是，人的人格既不是与生俱来的，又不是永远不变的。人格会随着时间的变迁而变化。先天的人格或许因人而异，有的人生来人格就好，有的人不是。但即使具备优秀人格的人，终其一生，要始终保持其优秀的人格，极为困难。

这是因为，人的人格受环境影响，时时刻刻都可能向好的方向或向坏的方向变化。比如，原来很勤奋又很谦虚的人，一朝权力在手，就变得傲慢起来，变得面目全非，最后玷污了自己的晚节，这种事例很多。

另有一种人，前半生与社会作对，甚至在社会上兴风作浪，但是在历尽辛酸之后，以某事为契机，翻然悔悟，浪子回头，晚年变成具备优秀人格的人，这样的例子也存在。

既然“人格”是变化的，那么选拔领导人的基准，就不能仅用“当时”他的人格如何来做判断。所以，我们在选择领导人时必须同时考虑“怎样才能提升人格”、“怎样才能维持高尚的人格”。

现在不论哪个国家，许多著名企业和它们的经营者，因为丑闻而倒闭或陷入困境。这类企业原本都是那些有卓越才能的经营者通过非凡的努力建立起来的。

但是，因为这些经营者，他们的人格没有提升，所以一旦功成名就以后，不知不觉中就放松了努力，不再拼命工作，只想自己一个人独享经营成果，甚至不惜违规违法。

所以，最重要的是，领导人必须努力提升自己的人格，努力维持自己高尚的人格。有人认为这话未免迂腐，但是我相信，这是防患于未然，避免领导人堕落变质，避免企业由盛转衰的最有效的方法。

华盛顿政界、官界、财界的许多要人对我的观点表示赞同。接着，长期来在华盛顿政界中心活跃的阿布夏先生以美国第一代总统乔治·华盛顿为例，发表讲话。

阿布夏先生说，美利坚合众国获得独立并取得飞跃发展的原动力，就是因为具备伟大人格的乔治·华盛顿担任了美国的第一任总统。

亚洲、非洲和中南美洲许多国家，原来都是欧洲诸国的殖民地，它们从宗主国获得独立后，因为独裁政治和内战而陷入混乱。在长期持续的混乱之中，只有美国，自从摆脱英国的殖民统治获得独立后，一直在繁荣的道路上不断前进。

美国成长发展最重要的因素，是具备伟大人格的乔治 · 华盛顿当了美国的第一任总统。而且，当时美利坚合众国国会授予了就任美国第一任总统的乔治 · 华盛顿极大的权力。

如果将巨大的权力授予人格不成熟的人，后果不堪设想。但是，因为乔治 · 华盛顿具备优秀的人格，所以合众国国会排除了反对意见，为了让他能够顺利贯彻自己的政策，而授予总统巨大的权力，并把这一条写进了美国的宪法。

企业经营也一样。在企业里，经营者被授予极大的权力，但是这种权力的行使，应该是为了保护员工，为员工创造幸福，而不可以用来压制员工，不可以用来满足经营者个人的欲望。

稻盛和夫（北京）管理顾问有限公司刚成立不久，稻盛和夫经营研究中心也成立了，我希望研究中心的成员们首先在自己的企业内确定正确的哲学，与员工们共同拥有这种哲学，作为经营者自己要率先垂范，带头实践这种哲学，不断努力提升自己的人格。如果这样做，企业就一定能发展，而且能够长期持续地繁荣昌盛。

今天以“经营为什么需要哲学”为题，我讲了在企业经营中哲学的必要性，讲了这种哲学的内容是什么，又讲了怎样去实践这种哲学，怎样在企业里与员工们共同拥有这种哲学。

我衷心希望，做人的正确的哲学，正确的企业哲学在各位的企业里生生不息。企业不断成长，就能不断给员工带来幸福，就能促进社会的繁荣，并对国家的发展做出贡献。希望在中国的企业里也能实现这样的“王道”经营。

希望在座各位把自己的企业经营得更加出色，如果我今天的演讲对大家有所助益的话，我将感到非常荣幸。

谢谢大家的静听！

第三章

“盛和塾”第17届全国大会：当代经营者应该成为怎样的人？

稻盛和夫

大家好！我是稻盛。

“盛和塾”第 17 届全国大会开了两天，最后只剩下我讲话了。

参加这次会议的，有来自日本各地的将近 2 800 名塾生，还有来自中国的近百名、来自遥远的美国的 40 名朋友参会。能够召开如此盛大的全国大会，我感到十分高兴。

这两天中，8 位塾生的发言都很感人，听的人都非常认真，生怕漏掉一句。大家都期望在自己的经营实践中借鉴发言者的经验。看到塾生们这么投入、这么认真，我再次感到“盛和塾”真是一个很了不起的学习会。

在当前严峻的经济形势下，单是个人的生存已属不易。在座各位中小企业的经营者们，哪怕你们只雇佣了10名、20名员工，为了保障员工及其家属的生活，你们日以继夜、殚精竭虑，努力把握经营之舵。在繁忙中你们抽出宝贵的时间，聚集到“盛和塾”来，一起学习如何正确地经营企业，看到这种情景，我非常感动。

塾生们对经营、对人生抱着如此真挚的态度，为了不辜负大家的期待，我究竟应该给大家讲什么呢？整整一个月来，我一直在苦思冥想。

反复思考的结果，今天我决定讲一讲“当代经营者应该成为怎样的人”这个话题。

俯瞰人类的历史，我们首先要认清当代究竟是一个什么样的时代，在这个基础上，我们企业经营者应该怎样去工作和生活。我想围绕这个话题，将我的思考告诉大家。

1. 从我们生存的宇宙、地球说起

大家知道，宇宙诞生于距今大约137亿年之前。宇宙的起因是一个小小的基本粒子的团块所引发的大爆炸。因所谓“大爆炸”而诞生的宇宙，而后不断地膨胀，至今还在继续扩展，这个事实已为天体观测所证明。

这个宇宙诞生后，在距今46亿年前，在气体状态的太阳系星云中，在粒子反复集聚和碰撞的过程中，出现了许许多多小行星。我们人类居住的地球，就是由这些小行星的结合而诞生的。

当时灼热的地球渐渐冷却，在距今40亿年前，形成了海洋，海洋中产生了原始的生命，这种生命不断进化，并开始登上陆地。这是约4亿年前发生的事情。

这种登陆后的生物，接连不断继续进化，据说，在距今约700万年前，在非洲，人类诞生了。此后，人类经过猿人、原始人等阶段，在反复的进化和灭绝的过程中得到发展，终于进化成我们现在生存的人类，就是所谓智人。

就这样，人类成为在地球上获得进化发展的生物物种之一。同时，当初的人类不过是生物圈中的一员，就是生物世界中的一个物种，换言之，人类只能在自然环境条件的制约下被动地生存。

这个时代，人类以狩猎采集为生。比如在森林中采撷果实，摘取草木的嫩芽，在河海中捕鱼，在山岭中狩猎。就是说，当初的人类，以狩猎采集的生存方式，在生物圈中参与物质与能量的循环。

然而，大约在1万年前，人类开始了农耕畜牧，迎来了全新的生存方式。人类烧毁森林，使之变为耕地，栽种作物当粮食。或者开伐林地，使之变为草地，放牧家畜。这种农耕畜牧的生产活动，改变了地球上物质和能量原来的循环流程。

在狩猎采集时代，人类只是一种弱势的、被动的存在，只能利用地球所具备的物质和能量参与循环。而进入农耕畜牧时代，人类却能动地改变了地球上物质和能量的流程。

这意味着人类从生物圈的束缚中获得解放，建立了自己独立的生活圈，即人际圈。同时这也给人类带来了精神上的变化。

所谓精神变化是指人类告别受自然支配的生存方式，要依照自身的意志，发挥自身的才智，要为自身的利益，来利用自然，改变自然。

换言之，为了人类的利益应该征服自然，这已逐渐成为一种固定的观念。而这时的人类还抱有一种幻想，就是自然以及自然带来的资源是取之不尽的。

根据这种想法，人类大量采伐森林，把它变为种植谷物的农场或饲养家畜的牧场。这种做法使生物物种急剧减少，改变并破坏了地球原有的生物圈。但是，这时的人类还只能依靠人力或驱使牛马，对自然的改造能力还停留在有限的阶段。

同时，进入农耕畜牧时代后，人类社会的状况也发生了质变。食物的生产开始后，人类就要追求富裕和安定，并开始储备剩余的食料。但是这样做的结果，围绕储备食物，即所谓财富，人类开始了互相争夺。欲望不断滋长，为了抢夺对方的财富，引发了各种斗争。

要求自身富裕的欲望愈加膨胀，斗争的规模日益扩大。人类为了抵御外敌、保护自己，就在城市周围修筑城墙、挖掘壕沟。我们今天看到的古代文明的遗迹，那些雄伟的城墙和护城河就是证据，证明了人类的欲望和为了满足欲望而发生的争斗。

人类争夺财富的历史，兴衰存亡长达数千年。与此同时，人类还具备强烈的好奇心、探求心，不断追究各种自然现象背后的原理，并在制造器物方面不断地钻研创新。其结果，引发了250年前英国的产业革命。蒸汽机的发明让人类获得了巨大的驱动力。这种驱动力，使人类促进地球物质和能量循环的力度飞速增长。

比如，澳大利亚大地里埋藏的铁矿石，如果依靠自然的力量向日本列岛移动，由海流的作用一点一点移动，需要花费几千万年的时间。但利用具备驱动力的船只，这种移动很快就能实现。这样，人类就大大改变了地球物质和能量的流程。

这种驱动力的中心是石化燃料。内燃机强大的驱动力和大量消耗的石化燃料，造成了现在的地球环境问题，这是人类给地球物质和能量的循环强加的巨大的负担。

人类摆脱生物圈的束缚以后，依仗这种驱动力使地球生物圈迅速衰退，使人际圈畸形地发展壮大。

人类获得这种驱动力后，将“追求更加富裕的生活”、“构筑更加便利的社会”这种欲望作为引擎，加上好奇心、探究心的扩展，人类不断推进科学技术，仅仅用了200多年的时间，就创造了富裕而又便利的现代物质文明。

现代物质文明的基础是“大量生产”、“大量消费”、“大量丢弃”。在这样的经济结构中，需要大量的制造、使用、丢弃物品才能不断促进经济增长。按常理思考，这样做太过浪费，但在现在的社会结构中，这样做却能促进经济发展，进而引导社会整体的发展。

然而，这种基于人类的欲望而损害自然的所谓文明不可能长期持续。前年，由著名的埃及学专家吉村作治先生当向导，我和哲学家梅原猛先生一起，花一周时间访问了埃及。

埃及文明从距今5 000年前开始发展，2 000年前衰亡。只残留下金字塔和大神殿等历史遗迹。仰望在沙漠中耸立的雄伟的遗迹群，我不禁要思考人类文明的前途。

位于现代伊拉克地区的底格里斯·幼发拉底文明也是一样。古代许多灿烂文明的遗迹只剩下了纪念碑，甚至连遗迹也已经消失。底格里斯·幼发拉底河流域曾经被森林所覆盖，一度是富裕的粮仓，而如今已是沙漠一片。

征服自然，只为利用自然而利用自然，其结果是盛极一时的文明招致覆灭。玛雅、阿兹台克等中美洲的文明也一样，能够持续千年以上的人类文明很少。

这样看来，在200多年前，以产业革命为契机的近代物质文明究竟能够持续到何时呢？

人类本来不过是生物的一种，但为了满足自身的欲望，人类利用其他的动植物，以牺牲自然环境为代价，享受到了优越的现代文明，但是破坏地球环境又招致了人类自身的生存危机。

1800年江户时代中期，地球人口只有10亿。经过200多年到了今天，人口已膨胀到70亿。不必等到本世纪末，据统计，地球人口将达到100亿。100亿这么庞大的人口，大家都要富裕和便利，都想过上奢侈的生活。这就必须有更多的能源，大量的食物，到时或许连水也将供不应求。

100亿人口所需的能源、食物、水，到时候能确保吗？许多有识之士都认为不可能。有一种悲观的预测，就是40年后的2050年，现今的物质文明将会崩溃。

人类仍然以欲望为动力，继续追求富裕和便利，但事实上人类只能在地球允许的范围内发展。超越界限的时间不是遥远的将来，而就在这30年、40年的短时期之内。照老路走下去，结果只能是现代文明的崩溃和人类的毁灭。

这就是我们人类面临的现实。在俯瞰人类历史的时候，我们再来思考当前由美国金融危机引发的世界性的经济萧条。

我认为这次世界性的经济萧条，也是人类欲望的产物。以美国为代表的资本主义，以人类的欲望为动力，希望以更轻松的方式获得更富裕、更便利的生活，同时发挥人类具备的意志和才智，追求无止境的发展。

以钱生钱的金融界的技术进步最为突出。以美国为中心的金融机构，利用高度的数学、统计学的智慧，利用最尖端的IT技术，应用杠杆原理开发出金融衍生产品，向全世界推销，以获取巨额利润。

这就是典型的利己欲望的产物，贪得无厌，企图轻轻松松赚大钱。

这种浸透无止境欲望的所谓金融衍生产品中，次级贷款这一风险极高的债权被作为证券销售，流向全世界，最终露出破绽，给整个世界经济带来重大打击。

世界各国重要的金融机构面临破产，为挽救危局，各国政府注入了巨额资金。到了今天，世界经济总算有所好转。但是，下滑的主要因素仍然不少，今后的形势不容乐观。

现在的世界经济在资本主义的系统中运行。1991 年苏联解体后，人们就认为资本主义是唯一有效的经济模式，资本主义所倡导的“市场原理主义”、“自由经济主义”、“绩效主义”才是正确的社会原理。

市场原理主义、自由经济主义是在自由放任的经济竞争中，明确划分出强者和弱者，营造出一个“等级社会”。而绩效主义使能力强的人和能力弱的人获取的报酬产生巨大差异，从而引发社会的矛盾和动荡。

特别在美国的经济界，某些企业经营者因获取巨额报酬，受到社会的责难。他们的做法不仅让企业内外产生不公平的感觉，而且由他们的利己欲望引发的极端利己的行为，被视为“贪婪”而遭到社会严厉的批判。

2008年9月破产，并由此引发经济危机的美国投资银行雷曼兄弟的首席执行官理查德·福尔德，在2000年后的任期中获得3.5亿美元的巨额报酬。

另一家美国大型投资银行美林证券，因次贷危机遭受巨大损失，被美国银行收购，它的首席执行官斯坦尼·奥尼尔引咎辞职时的退职金竟高达1.6亿美元。

企业利润是企业全体干部员工共同努力和协作所取得的成果，这种成果却被认为是企业领导人一个人的功劳。一人独享高额报酬，这是极不应该的。这种做法引发企业内部的不和谐，甚至成为企业破产的原因。

美国金融机构的CEO们，他们将自己企业的财务弄得一团糟，他们应该向员工们谢罪；他们迫使公共资金注入，他们应该向社会赔罪；他们开发、销售金融衍生产品，给予世界经济莫大的损害，他们应该向全世界认罪致歉，他们没有资格获取报酬。

美国总统奥巴马终于采取措施，抑制接受公共资金的金融机构经营者的报酬。现在，据说美国也开始讨论经营者合理的薪酬问题。但是根据最新的报道，接受公共资金援助的美国有关金融机构，随着业绩的改善，又准备给予干部员工们巨额的奖金。

这种不公正的财富分配方式，通过社会监督、各国政府及有关机构的规范，虽然有了若干修正或纠正。但光凭这些，要从根本上解决因绩效主义导致的等级社会的矛盾和不公平感，是不可能的。

同时，前面谈到的，针对次级贷款那样的金融产品，虽然加强了国际监督，通过完善法规加强了制约，但是，只要贪婪的欲望存在，只要追求投资高回报的投资者和投资机构存在，高风险高回报的新的金融产品还会开发出来并向全世界蔓延。

我认为现代资本主义的根本问题不是方法论的问题，也不是制度的问题，归根到底是人的素质的问题。现在必须把资本主义向更有节制的方向改变。

为此，大家都在强调要完善机制，加强监管。但我认为，最重要的是：生活在资本主义社会的人必须具备正确的伦理观和道德观。资本主义应该是一个不只为自己，也要为社会去追求利润的经济体制。

以欲望为基础建立的现代社会中，我们应该怎样去工作和生活，企业经营者要重新思考这一问题。这时，重要的就是“知足”这个观念。这点我曾经多次强调过。

人类所持有的欲望，作为原动力，给人类带来了无止境的成长发展。但基于这种欲望的人类活动再继续下去，必将招致人类的破灭。将人类的欲望向有节制的方向转变，一个必要的观念正是“知足”。

一开始我就提到，从人类发展史的观点来看，人类必须抑制过度的欲望，“有这个生活水平已经足够了”，将成长发展控制在有节制的范围之内。否则，人类给地球造成的负担将超越允许的限度，现代文明就将崩溃，人类就将走向破灭。

特别是，地球上 70 亿人口中的大部分都属于发展中国家，这些人也要提高生活水平，今后也会以经济的高增长率为目标。他们要消费的资源、能源将有一个飞跃性的增长。

发展中国家的人们要求摆脱贫困，我们不能熄灭他们的希望之火。同时，要求发达国家的人们自动放弃富裕的生活也不现实。

但是，发展中国家的人们将要消费的资源、能源，与已经享受高度文明的发达国家的人们消费的资源、能源相加，从地球资源有限这点上看，这种重负，地球无论如何也承担不起。

发展中国家和发达国家的人们要在这个地球上和平共处，并且要共同构筑能持续发展的社会，首先，以发达国家为中心，人们的意识必须朝着“知足”这个方向来一个大的转变，必须大幅度降低人们对资源、能源的消耗水平。

大量生产、大量消费、大量丢弃，这个现代社会的风潮必须从根本上予以矫正。通过技术革新，尽量降低消耗，同时开发高附加值的产品。整个产业和社会都要朝着这个方向进行重大的转变。

2. 以“共生”观念和“利他”观念经营企业

企业经营也一样。我们不能否定企业需要成长发展，而只要努力钻研创新，企业也总会有发展的机会。对于每个企业而言，不管处于什么经济环境之下，就像动植物在严酷的自然界中求生存一样，必须付出不亚于任何人的努力，首先要让自己生存下去。

但是，在努力经营企业的过程中，经营者不能只顾自己个人的私利，必须考虑员工、客户、交易对象、企业所在的地区等等，必须与企业相关的一切利害关系者和谐相处。必须以关爱之心、利他之心经营企业，这一点非常重要。

如果世界上大多数企业都能以上述关爱之心、利他之心开展经营，那么，就有可能修正资本主义前进的轨道，这种资本主义现在已经陷入了“只要自己好就行”、“只要自己发展就好”的利己主义的泥潭。只要能矫正这种资本主义，世界经济的协调发展，今后也能持续下去。

今天，在资本主义的发展中，必须确立新的伦理规范，确立与周围一切事物协调一致的“共生”的观念，确立让一切事物朝着善的方向发展的“利他”的观念。

以上所说，是从人类历史、从矫正资本主义发展方向的宏观角度出发的，从微观上讲，企业经营也一样。

比如某位经营者有才能，很努力，从销售额不足1亿日元的小企业做起，逐步发展到销售额达到50亿、100亿日元。如果这位经营者不知满足，一味追求个人利益，追求更加奢侈的生活，傲慢不逊，那么他终将走向灭亡。

这种现象可以说是古今中外的世间常态。只要看一看“二战”以后的企业经营史，就会明白“企业寿命就三十年”这句话还是非常正确的。好不容易发展起来的企业，不久陷入衰亡，这样的事例不胜枚举。在企业经营的舞台上，这种悲剧的重演好比家常便饭，司空见惯。

这些企业经营者开始时也都认为“自己才不会重蹈那种覆辙呢”，在历尽艰辛、艰苦创业时，他们也鄙视那些获取巨额报酬的经营者的卑劣行为。但一旦自己功成名就，就开始无节制地追求金钱、名誉，骄傲自大，不久便走向没落。

人们对自身的蜕变不易察觉。那些一掷千金的美国金融机构的经营者们，最初他们也未必是贪得无厌的人，但因为他们缺乏明确的哲学，随着环境的改变，他们自己也堕落变质。

必须竭力排斥自以为是、动不动就“我呀我”的利己的欲望，必须让为员工、为客户、为社会，愿他人好这种关爱之心、利他之心占据自己的心灵。

在这种美好、善良的心灵之上，加上拼命努力，那么，“要把企业做大”、“要更好地拓展事业”这样的愿望不仅能够实现，而且能与员工、客户、交易对象、股东、地区社会等等，即与企业的一切利害关系者协调一致、和谐发展，企业就能持续繁荣，经久不衰。

对于这一点我自己有切身的体验，我举一个冲绳“赛罗拉”的例子。

我作为大和证券系列宾馆开业仪式的嘉宾，于 1975 年首次访问冲绳。当时冲绳给我留下了强烈的印象，冲绳是一个美丽的地方，有着独特的、优秀的文化。

但是冲绳有一部饱尝辛酸的历史。很长时期，它曾处于大国中国的统治之下。而江户时代，它又受到日本萨摩藩的压榨。在第二次世界大战后期，作为本土防卫的前哨，冲绳曾被迫做出过重大的牺牲。

尽管有这么悲惨的历史，但从当地的歌舞表演中可以看到，冲绳孕育了一种其他地区所没有的、独特的优秀文化。受到冲绳风土人情的触动，我甚至想：“既然能够孕育出如此有特色的、独特的文化，冲绳已经是一个优秀的独立王国。”

另一方面，对于拥有如此优秀文化的冲绳，我们萨摩藩却从政治上压迫他们，从经济上剥削他们。考虑到这段历史，作为一个具有萨摩藩血统的人，我有一种负罪感，我真想对他们说一声“真的对不起”。同时我又有一种赎罪的心理，能不能用某种方式给冲绳以补偿呢？

抱着这种心境，1990 年，承蒙当时日本兴业银行特别顾问中山素平先生的关照，为了促进冲绳的经济发展，聚集了一部分日本本土和冲绳的企业经营者，成立了“冲绳座谈会”，我也被推荐为会员。自那以后，我一直在考虑：“为了冲绳的发展，自己该做些什么？”

自冲绳归还以来，据说日本经济界曾给予冲绳各种各样的援助，但事实上，仍然是冲绳的本土资本在为本地服务，并没有真正意义上的对冲绳的经济援助。使冲绳人致富的事例极少。

为此，伴随1986年移动通信自由化的进程，除了首都圈和中部圈之外，在北海道、东北、北陆、关西、中国、四国以及九州地区，分别设立了相当于现在的AU by KDDI的赛罗拉电话公司。当时我特别提出在冲绳也设立单独的电话公司。

本来冲绳并非一个单独的经济圈，它只是九州经济圈的一个部分，它在行政上，许多方面受九州的管辖。原本是准备将冲绳的业务置于九州赛罗拉电话公司的管辖之下。

但是，由于刚才提及的对冲绳的赎罪心理，同时通过“冲绳座谈会”，我一直在考虑能帮冲绳人做些什么，所以就产生了在冲绳单独设立公司的想法。

因此，在“冲绳座谈会”上我提出了这个建议。我说：“我现在正在全国各地设立移动通信公司，因为冲绳很像一个独立的国家，所以我打算不是把冲绳作为九州公司的一个营业地区，而是单独设立冲绳赛罗拉公司。冲绳经济界各位朋友，你们愿意出资吗？”

建议提出后，冲绳经济界的朋友们都很高兴。他们说：“从本国外地来到冲绳，真正替冲绳着想做出提案，您是第一位。”以冲绳有代表性的企业为首，许多本地企业都出了资，冲绳赛罗拉电话公司正式成立。

公司成立时，虽然最大的股东、当时的第二电电（现在KDDI）持股过半，但至少40%的股份由冲绳本地持有。

同时公司董事会的组成，除会长和一名董事由第二电电派遣之外，社长以下所有干部都由冲绳本地人担任。

因为公司设立有这样一种背景，所以无论出资者、董事，还是冲绳赛罗拉的员工，人人意气风发，“这是我们的公司！”大家都全力以赴投入经营。

因此，冲绳赛罗拉创业以后快速发展，成为当地市场占有率第一的公司。公司业绩也顺利提升。

1997年公司实现了上市。全国赛罗拉电话公司共有8家，但上市的只有冲绳一家。因为公司设立的当初，我就一心希望通过上市，让冲绳本地的人们感到高兴和满意。

现在，我只保留了冲绳赛罗拉的名誉会长一职。就是母体KDDI我也已从董事会引退，仅保留最高顾问的头衔。但冲绳赛罗拉是一个例外，因为冲绳的各位恳请我“无论如何希望稻盛先生保留董事一职”，所以我想只要健康状况允许，我将不辜负大家的期望。我仍担任名誉会长一职，不取任何报酬。

没有丝毫个人的打算，从为冲绳本土出力的想法开始创业，公司经过多年经营，给许多人带来了幸福，这是我最开心的。因为我切身感受到，从为冲绳人作贡献这一纯粹的、善良的愿望出发，从温柔的关爱之心出发，我把这种心情传递给对方，因而诞生了一个全新的、理想的世界。

这样的事决不仅仅限于冲绳赛罗拉。以“盛和塾”为中心，世间有许多经营者给我发来了感谢信。信中说“如果只以私利私欲经营企业，我的企业恐怕早就倒闭了。多亏稻盛先生的教导，一旦开始以利他之心经营企业，公司的发展就越来越顺利了。”

其实，利他是最强有力的。让对方高兴，与人为善，这样的行为最终一定会带来成功。这是这个世界俨然存在的真理。为什么会产生这样的结果？因为利他的行为会让我们获得超越自己的伟大的力量。

让对方生存、帮助对方、为对方好，如能具备这种美好的关爱之心、利他之心，一种超越自己的伟大力量就会自然地添加进来。自己想“如能这样该多好啊！”但结果却比你想象的更好，正好像成功从对面向你走来一样。

这一点我希望有更多的人能理解、实践。同时，专注于利他，全身心投入，还能引发创造力。努力利他，就会产生灵感，使“思想闪光”，能够做别人从未做过的事业，并取得卓越的成功。

这样的事，过去我曾引用“智慧宝库”这一词语来表达。这个宇宙中有一个地方应该称之为“智慧宝库”，那里隐藏着取之不尽的智慧，如果能将其引发出来，就能获得创造的灵感和思想的闪光。

爱迪生等伟大的先人们为人类开拓了新世界。在回顾他们的功绩的时候，我不禁想到，他们就是把从“智慧宝库”中获取的智慧作为创造的源泉，把类似“神业”的高度的技术和发明带给人类，从而促进了文明的进步。

我自己也是一样。当我处于忘我的状态，为员工、为客户，一心不乱、全神贯注地投入研究开发的时候，当我为世人、为社会开拓新事业的时候，我也在无意中触及了那宝库中睿智的一端，或是开发出划时代的新产品，或是使事业获得巨大的进展——我不由得产生这样的想法。

就是说，打开“智慧宝库”大门的钥匙，就是愿他人幸福的关爱之心、利他之心。

希望各位经营者务必要竭力排斥“只要自己好就行”的利己之心，在关爱心、慈悲心、利他心的基础上努力奋斗，要让员工、客户、交易对象、社区，让企业周围所有的人获得幸福，要抱着这样的信念去经营企业，勇往直前。

今天，当我们俯瞰人类历史的时候，当我们展望人类未来的时候，要想象光明的前景已很困难。然而，不管对未来的预测多么暗淡，只要我们还是经营者，我们就有使命，就要让同企业有关的所有的人得到幸福。不仅如此，作为企业经营者，不仅要对自己的公司负责，我们还承担着为社会作贡献的崇高使命。

我们企业经营者平日里受外界因素的影响，不得不面临各种各样的经营课题，我们必须随时掌握好经营之舵。而通过艰苦努力获得的利润中，我们还要拿出很大一部分交纳法人税。

这个法人税占了日本税收的四分之一。另外伴随企业活动、通过买卖交易要支付消费税，受雇员工要支付所得税，再将员工支付的消费税考虑在内，可以说国家财政的大半掌握在企业的手里。

企业创造的财富由国家和地方自治体征集，然后再分配，这样现代的经济社会才得以成立。就是说，由于企业的存在，由于经营者的辛勤劳动，现在的经济社会才能发挥它的机能。

另外，还有就业的问题。据说日本的就业人数为6 300万，其中企业雇用的员工，大中小企业总共超过了4 000万。就是说，通过雇用向人们提供生活食粮的，主要是靠企业。

同时，在日本421万家企业中，99.7%是中小企业。考虑到这一点，以中小企业为中心的企业经营者支撑着国家和国民，这样的说法也并不过分。我们要有这样的认识和自觉，满怀自豪感，挺起胸膛，堂堂正正地去经营企业。

我们承载着社会的期望，担负着重大的责任。意识到这一点，那么，即使付出比常人加倍的辛劳，我们仍然要诚心诚意、竭尽全力，把企业经营得有声有色。

经营企业不是为自己而是为社会，这种高尚的行为让我们感觉到自尊和自豪，一定能给予我们克服困难的勇气。

对于这一点，我也有切身的感受。

在50年前，我27岁时创建了京瓷公司。从赤手空拳创业一直到今天，幸运的是50年里从未出现过一次赤字，公司一直顺利地发展壮大。

这期间，日本经济遭遇了石油冲击、日元超级升值等多次危机。但是，不管经济危机的风暴刮得多么厉害，我们只顾埋头苦干，付出了不亚于任何人的努力，同时不间断地钻研创新，精益求精。

我为经营备尝辛酸，付出牺牲，而这么做的结果，不仅让员工及其家属获得了幸福，而且为京瓷工厂及事务所所在社区的振兴做出了贡献。同时还为整个日本经济的成长发展承担了相应的任务。我想我为国家的繁荣、国民的幸福做出了微薄的贡献。

想到这一点，我觉得我付出的一切辛劳都获得了回报。我们为社会、为世人做出了贡献，意识到这一点，过去的所有苦劳都转化成了无上的喜悦。

刚才提到获取巨额报酬的美国经营者的贪婪的问题。我认为能够为这么多的人作出贡献，从中得来的“喜悦”才是经营者所能获得的最高的报酬。

我今天的讲话，一开头就从人类史的角度，俯瞰了迄今为止人类发展的历程，并对人类的未来作了相当悲观的预测。但是，看透这个严峻的现实，我们清醒地认识到，我们人类必须改变自己的生存方式，培育今后人类应该具备的高尚的心灵，构筑新的伦理观、新的道德观，把人类从破灭的边缘拯救过来。对这一点，我具有强烈的信念。

从这个观点出发，2009 年 9 月底，《人的本质——探究人生的意义》这本书将会出版。这是由我和宗教心理学家山本博先生对谈形成的一本书。书中谈到超能力等有关人的灵魂方面的话题，但对谈的基本思想同今天讲话的精神相同，目的都是为处于闭塞状态下的人类开辟新的活路。为此，利他之心，或者说“爱”是必不可缺的。

离开经营第一线后，我考虑自己该做的，就是包括上述事情在内的社会启蒙活动。但是，站在第一线指挥企业活动的经营者们，你们必须做的是，在你们各自的企业里确立正确的伦理观、道德观，把你们的企业做好、做强、做长久。

我们的思维方式、姿态、行为应该成为社会仿效的榜样。为此，我们一定要把企业经营好，我们要度过一个有意义的人生。

我们只是一个中小企业的经营者，但是只要我们将正确的经营观、正确的人生观贯彻始终，我们就能成为世人的榜样，成为优秀的领导人。

我们应该成为包括我们所在区域在内的人类社会的领导人，我们的言行举止，应该与我们作为领导人的身份相符。只要大家按照我今天讲话的精神去做，我们就能成为受人信任、受人尊敬的人格高尚的人。为此，我们必须坚持不懈地努力。

在现代社会已经弃之不用的“死语”，即“利他”

这个词，在我们“盛和塾”里，不仅频繁使用，而且我们许多塾生实际上正在用“利他心”经营企业，度过人生。而由这些优秀的塾生们参加的这个集会，气氛和谐，真不愧是一个“心灵之友”的集会。

但是这又不是一个单纯的友好团体。在亲切友好的气氛中，塾生们互相切磋，研讨经营的真谛。而在当前的经济萧条中，许多企业提升了经营业绩。

据初步统计，如果把我们塾生企业的销售额合并计算，已经达到24万亿日元。从这个意义上讲，我们是一个具有传奇色彩的团体，是一个了不起的经营者的集团。这个集团不仅可以成为日本企业、而且可以成为全世界企业、乃至整个人类的模范。这样说我想是不错的。

事实上，我们所信奉的“经营的真谛”正在受到全世界的关注。

2009年6月上旬，我在中国最有代表性的大学——清华大学和北京大学作了演讲。听众大大超过了会场可以容纳的人数，有的人坐在会场的过道里，有的人干脆站着，有的人在别的教室里通过视频倾听我的演讲。

在清华大学我以“把萧条当做再发展的飞跃台”为题，讲述了克服经济萧条的思路和具体方法。在北京大学我以“经营为什么需要哲学”为题，讲述了企业经营中哲学的必要性，以及企业应该具有什么样的经营哲学。

坐满会场的全体听众自始至终专心听讲，认真做笔记。讲演结束时掌声雷动。许多听众拥上讲坛同我握手，要求签名，挤得我无法动弹，最后靠保安疏导才离开会场。可见欢迎场面的热烈。

据说，中国正在对一味模仿美国式经营的做法进行反省。北京大学国际MBA学院的院长说：“中国在拜金主义盛行的同时，一直在仿效美国式的经营。但经过这次金融危机，正在考虑转变方向。而重视中国古典文化、崇尚人的精神品格的稻盛式经营，值得学习。”

同时，在中国，我的著作正在成为畅销书，多次再版。这次我在中国时，多家出版社接连来访，争相出版我的著作。我的几乎全部著作今后都将在中国翻译出版。

另外，这次在讲演之余，我还接受了中国著名媒体的集中采访。特别是中国第一的网络视频，据说它的点击量一天达到数亿人次，通过这家网站播放的我的采访实录，向全中国传递了我的经营哲学。

可见我的经营思想现在在中国受到了广泛的关注。我还接到许多人的邀请，他们希望学习我的经营思想和方法。中国已有好几个地方希望成立“盛和塾”。

因此，这次有许多中国的朋友来到这个会场，与日本塾生一样，深入学习企业经营的真谛。

这还不限于中国。发行数228万份、全美第一的美国主流报纸《今日美国》4月20日以“日本人批判资本家的贪婪”为题，大幅刊载了对我的采访，并配发了照片。内容就是督促美国式经营要修正它的轨道。该报导一时成为了热门话题。

另外，2009 年 5 月在夏威夷檀香山的市民论坛上，同日本一样，我发表了题为“人为什么活着”的演讲，强调了我一贯的观点，“人生的目的在于提高心性”。这次演讲聚集了很多听众，不仅有日裔的，还有夏威夷当地的居民，他们都深受感动。

再则，到 2009 年 11 月，法国将有一个世界性的论坛，我准备去接受“世界企业家精神奖”。这是为表彰全世界创业者中具备企业家精神、实施社会正义的企业家而授予的奖项。

在全球经济危机的背景下，全世界都在思考“真正的经营是什么”，中国、美国、欧洲都在关注并赞赏我们所倡导的利他的经营哲学。

“面临空前的经济危机，人们要问的，不是经营的手法、手段问题，而是‘正确的经营应当是怎样的’”这个最基本的问题。其中，能够引导企业长期稳定发展、能给世人和社会带来幸福的真正的经营哲学，受到了全世界的好评。

今天我就“现代经营者应该成为怎样的人”这个题目谈了我的想法。现在，人类应该是怎样的，资本主义应该是怎样的，经营应该是怎样的，经营者应该是怎样的，这些问题遭到了根本性的质疑。我认为，我们现在已经站到了时代巨大的转折关头。

如果不加反省，在放任自身欲望的基础上持续人类的活动，那么由人类构筑的现代物质文明，以及给人类带来繁荣的资本主义，都将自行毁灭。

今天，不只是经营者，包括生活在现代社会的每一个人，都面临同一个问题：是选择满足自身欲望的利己的人生观，还是选择关爱及同情、即利他的人生观。

我们不知道当前的经济困境将持续到什么时候，但是，“盛和塾”的各位企业家们，不管遇到什么困难，我们一定要做出最大的努力，让企业稳定，同时给周围的人带来幸福。

我相信，大家的这种思想和行为，不仅可以让大家

"提高心性，拓展经营"，而且可以改变世界。我祈愿聚集在此的所有的经营者都有光明的未来。"盛和塾"第17届全国大会的讲话到此结束。

谢谢大家静听！

第四章

致新时代的中国领导人

稻盛和夫

（2004 年 4 月 6 日）

中国共产党中央党校

大家好！我就是刚才承蒙介绍的稻盛和夫。

今天，有机会在具有历史传统的中央党校，对肩负着中国未来重任的各位作讲演，我深感荣幸。

首先，请允许我向赐于这一荣幸机会的贵校校长曾庆红国家副主席以及有关人士表示最诚挚的谢意。

中国2003年的经济增长率达到了9.1%，对此，日本的媒体也有过报道。2001年12月，中国以正式加入WTO为契机，巩固了自己作为世界经济中重要成员的地位。今后，中国经济将会取得更大的发展。

据悉，围绕着入世问题，最初，许多企业家曾对入世后可能遇到的问题表示担心。入世后，在所有领域内，中国企业都会被要求遵守全球化规则，由此可能产生各种摩擦。我想这就是不安产生的原因。

诚然，随着与海外强有力的企业之间竞争的加剧，中国必须处理过剩人员以及庞大的负债问题，并淘汰一些生产率较低的国营企业。据说有不少企业经历了由这些变化而带来的阵痛。

但是，忍受这种痛苦，中国抱定信念推进经济与产业的结构改革，最终许多中国企业都实现了快速发展。

温家宝总理在不久前的全国人大政府工作报告中指出，“今年的增长目标为7%左右”。我认为，中国经济的发展步伐不会停止，而且会加速向前。

不过，在另一方面，伴随着经济的发展，无疑将会出现诸如人民币汇率变动、贸易摩擦的激化、劳动力成本的增加、物价上升、地区间贫富差距的扩大、失业率的上升以及环境污染等问题，中国必将面临许多新的课题。

其中，最为吃紧的课题，就是不断发生的企业和官员的渎职和腐败。对此，中国政府正在全力进行防止和抑制，然而，我认为产生这些坏事的根本原因是在人们的心里。

1. 敬天爱人

我创建的“京瓷”集团，45年来持续发展壮大。对此，海内外的企业家和经营学者常问：“‘京瓷’为什么能够一直保持成功呢？”我总是回答：“因为京瓷具有正确的、而且明确的经营哲学，并为全体员工所共有。”

京瓷之所以成功，有人说是因为有了先进的技术，有人说是因为赶上了潮流。但我认为这些观点都不正确。

“京瓷”具有正确的经营哲学，全体干部、员工都理解和接受这种哲学，把这种哲学变成自己的东西，在此基础之上，大家团结一致，共同做出“不亚于任何人的努力”，获得成功后，不失谦虚之心，继续努力，不断获取更大的成功。

我是理工科出身，从事“京瓷”这家新公司的经营时，我一直考虑：“既然对于经营我一无所知，那么不如回到原点，以‘作为人，何谓正确？’也就是说，以好坏、善恶作为基准，去判断一切事物。”尔后，我就只用这一个基准，不断做出各种各样的判断。

“正”还是“不正”，“善”还是“恶”，这是最基本的道德规范，是孩童时代父母和老师天天教授的道理。“如果以此作判断基准的话，那么我是清楚的，我能够掌握。”当时我就有这种自信。

现在回想起来，不是依据经营的经验和知识，而是以这种最基本的伦理观、道德律为基础去从事经营活动，正因为如此，才取得了今天的成功。

将目光转向当今世界的经济界，我们看到许多企业因为缺乏这种伦理道德，舞弊和丑闻频发，结果被社会无情地淘汰出局。

做虚假财务报表的美国安然公司、世界电信公司，以及采取冒充、欺骗手段的日本雪印食品公司等等，这些曾经风光一时的企业，从丧失伦理道德发展到营私作弊，被媒体曝光后，迅速名誉扫地。

上述例子说明，经营者被私心所蒙蔽而导致经营失误，就会给整个集团带来灾难。从这个意义上讲，掌握企业经营之舵的经营者，必须摆脱私心的束缚，随时做出公正的判断。

当然，不仅是企业，治理国家也一样。就是说领导人必须摒弃私利私欲，以“利他之心”即“无私之心”思考问题。国家主席胡锦涛所说“立党为公，执政为民”，无非也是强调，作为国家领导人绝不能持有私心。

说到领导人的“无私”，我立即想起西乡隆盛这个人，他是推动日本从封建国家向现代国家转变的“明治维新”时期的革命功臣。

西乡隆盛是我最尊敬的一位历史人物。西乡的座右铭“敬天爱人”一直被“京瓷”奉为社训，并渗透到全体员工的心中。

关于国家领导人应有的品格，西乡曾有过如下阐述：

“置自己的生命、名誉、地位、财产于不顾的人物，最难对付。然而，领导人不达到这种无私的境界，最终难成大业。”

就是说，若要成就大事，必须抛弃一己之私，以无私之心投入事业。

我认为，西乡的这种哲学思想超越时代，现在也同样适用。下面请允许我继续引用。

“在国政的大堂上，堂堂正正从事政治活动，与行天地自然之道一样，不可夹杂半点私心。无论遇到什么情况，必须保持公平之心，走光明大道，广纳贤才，让忠实履行职务的人执掌政权。这样做就是替天行道。同时，一旦发现比自己更为胜任的人物，就应该立即让贤。”

“只爱自己，就是说，只要对自己有利就好，对别人如何不必考虑，这种利己的思想，是做人的大忌。治学不精，事业无成，有过不改，居功骄傲，所有这些，都由爱己过度而生，都绝不可为。”

这些话告诉我们，身为领导人，应该戒除利己之心，勇于自我牺牲。它强调了领导人“无私”的重要性，一旦为私心所蒙蔽，人就无法做出正确的判断。尤其在今天，各界的领导人应该戒除私心，持有大义的判断基准，率领集团继续前进。我认为，这是包括国家在内，所有集团走向繁荣的基础条件。

以上所述，作为一名日本企业家的个人见解，如果能为诸位所理解，我将感到十分荣幸。

2. 社会公正推进经济发展

纵观历史，我们发现，构筑了现代世界经济基础的资本主义，起源于基督教社会，特别是伦理教义非常严格的新教社会。就是说，早期资本主义的倡导者都是虔诚的清教徒。

他们为了贯彻有关“邻人爱”的精神，日常生活尽量俭朴，他们崇尚劳动，将企业所获利润用于社会发展是他们的信条。“为社会、为世人作贡献”，这也是初期资本主义的伦理规范。

早期资本主义的倡导者，即早期的企业经营者，他们对资本主义的理解是：通过经济活动实践社会正义，为人类社会的进步发展作出贡献。即资本主义是“为社会积善的体制”。可以说，正因为具有高尚的道德理念，初期的资本主义才得以高速发展。

然而，具有讽刺意味的是，本来是资本主义发展原动力的伦理道德，随着经济的发展却日趋淡薄，企业经营的目的以及经营者个人的人生目的，蜕变成“只为自己”的利己主义。制约人的内心的伦理规范的丧失，导致先进的资本主义社会趋向堕落。

尤其是日本，因为缺乏像欧美诸国那样的基督教的社会背景，“二战”以后，人们一味追求经济上的富裕，而对道德、伦理以及社会正义的重视程度急剧下降。正如刚才所说，人们虽然获得了经济上的富裕，但是社会却偏离了资本主义的本意，陷入颓废。

资本主义的本意绝不是只要赚钱就可以为所欲为。只有具备了严格的精神规范，资本主义才有可能正常地发挥它的机能，自由竞争的经济活动才能成立。我认为，这一观点同样适用于引入了社会主义市场经济的中国。

旁观中国，我们看到贵国一面坚持社会主义体制，一面实行改革开放政策，经济正在高速增长。中国的经营者们正遵从市场经济体制从事经济活动，经济的繁荣举世瞩目。

正如象征资本主义的“美国之梦”一样，如今理想中的“中国之梦”也层出不穷。谁都有成功的机会，受到周围实际成功者的刺激，“自己也要成功”，抱这种进取心的人正在中国大量涌现。人民的热情，人民的能量正推动中国蓬勃发展。

3．弃霸道，行王道

每次访华，看到中国的高速发展，我都十分震惊。但是我真诚地希望贵国能够避免在日本和其他发达国家发生过的问题，希望中国今后能够持续高速发展。

那么，究竟如何做，才能避免我们曾经陷入过的悲剧，避免因利己心恶性膨胀而招致的人心荒废，而让国家健康发展呢？

我认为，作为社会一员的领导人，必须拥有普遍意义上正确的道德观和价值观，并体现在自己的言行之中，在人民中率先垂范。

据我所知，在中央党校内，各种面向高级干部的培训课程十分重视人格的形成和道德教育。我认为，国家要健康发展，最重要的是要确立在集团中担负领导责任的领导者的道德观念。

领导人道德水准低下，将会给组织带来重大影响。公元 11 世纪中国北宋时代的大诗人苏轼之父、大学者苏洵曾一语道破："夫国以一人兴，以一人亡"。从这点上讲，人类的历史甚至可以视为领导者的历史。

有关领导人的资质，中国明代思想家吕新吾花了 30 年时间，在 81 岁才完成的宏著《呻吟语》中讲，"深沉厚重是第一等资质"。

就是说，领导人最重要的资质是：具备时时深入思考问题的厚重的性格。

同时，吕新吾在《呻吟语》中还讲，"聪明才辩是第三等资质"。就是说，"聪明能干，巧于辞令"不过是第三等资质。

然而，不论东洋、西洋，当今世界，只具备第三资质，即"聪明才辩"的人被选为领导人，这种现象相当普遍。

诚然， 这种人作为能人，可以发挥他们的作用，但他们却未必拥有优秀领导人所应具备的高尚人格。

我认为，日本以及许多社会之所以混乱，就是因为只具备第三等资质的人登上了各界领导岗位。为了创造更美好的社会，最重要的就是选拔像吕新吾所说的第一等资质者，即具有高尚人格的人担任各界的领导人。

为了提高以领导人为首的全体国民的道德水准，首先整个社会必须有尊重正义和公正的伦理规范。所幸的是，中国自古以来就存在这样的规范。至今仍然受到中国人民尊敬的历代有关的政治家、诸多的思想家们，他们曾不断向民众阐释作为人、特别作为领导人所应具备的品德和资质。

例如，《易经》中说“积善之家有余庆”。这是阐述行善的重要性，就是说，积善之家代代都有幸运相伴。

此外，《书经》中说“满招损，谦受益”。就是说，骄傲自满者将遭受损失，谦虚者则会获得利益。

这些绝不是“陈词滥调”，而是昭示正确的生存之道的“真理”，也是人们日常生活中最应重视的“道理”，也正是指引集团乃至国家走向成功，并使成功得以持续的“哲学”。

领导者应率先学习这些古训，并努力付诸实践。这是提升国家整体道德水准的前提。领导者以身作则，国民纷纷仿效，这些古训就会作为全体国民的道德观最终得以确立。

拥有这种哲学、即拥有坚定的伦理观和道德律的集团，就一定能得到顺利的发展。换言之，只要具备这种价值观和判断基准，就一定能够获得成功。

最后，已经跻身经济大国之列的中国，拥有与经济实力相对应的强大军事实力的中国，需要掌握与这种大国身份相匹配的崇高的“道德”，成为世界各国的榜样。这是中国应尽的责任。希望诸位理解这一点。

孔子曰：“君子坦荡荡，小人常戚戚。”被称为君子者，总能襟怀坦白、心境平和，不会像小人那样胸襟狭窄、斤斤计较。

我认为这里所讲的“君子”，不仅指个人，而且指国家，就是说，中国作为一个真正的大国，在发挥其世界领袖作用的过程中，也要体现孔子所讲的“君子”风度，即有宽广的胸怀，富有同情心，谦逊，并与邻国友好相处。

这也就是中国革命之父孙中山先生所提倡的“弃霸道，行王道”。

孙中山先生1924年在日本神户的讲演中说道，西洋的物质文明是科学的文明，后来演变成武力文明，并用来压迫亚洲，这就是中国自古以来所说的霸道文明。亚洲有比这优越的王道文化，王道文化的本质就是道德、仁义。你们日本民族在吸收欧美霸道文化的同时，也拥有亚洲王道文化的本质。日本今后面对世界文化的未来，究竟充当西洋霸道的看门狗，还是成为东洋王道的捍卫者，取决于你们日本国民的认真思考和慎重选择。

遗憾的是，日本没有倾听孙文的忠告，结果一泻千里，陷于霸道而不能自拔。

我衷心希望，不久的将来必将成为经济大国，并拥有强大军事实力的中国，一定不要陷入自己一贯否定的霸道主义，以中国自古以来一直强调的“以德相报”的胸襟，亦即遵循王道，治理国家，从事经济活动。

我想，这与江泽民前国家主席所强调的实现“德治”国家的思想是一致的。

中央党校，曾经培养出了众多继承中国共产党的理念，具有卓越才能的领导者，他们领导了 20 世纪后半叶的中国。

在结束此次讲演之前，我衷心祝愿先后有胡锦涛国家主席、曾庆红国家副主席担任校长的中央党校，能够人才辈出，不仅培育 21 世纪的中国领导人，而且培育世界性大国的领导人，为使中国成为受到人民尊敬、受到世界各国尊敬的大国作出贡献。

第五章

盛和塾塾生心得

第一节　稻盛成功方程式的启示

稻盛和夫（北京）管理顾问有限公司　董事长
盛和塾（无锡）塾生　曹岫云

日本著名企业家稻盛和夫先生，总结出一个“人生和工作结果的方程式”，有时也称“成功方程式”。我认为这不但是经营学而且是哲学领域中的重大发明，几乎可以适用于所有的人，同许多自然科学的方程式一样，应该成为人类共有的宝贵财富。请允许我首先来介绍这个精彩的方程式。

一、成功方程式

人生 · 工作结果＝思维方式 × 能力 × 热情

或者表达为：**成功＝人格 · 理念 × 能力 × 努力**

－ 100~ + 1 000~1 000~100

我们且把“人格 · 理念”、“能力”、“努力”称作成功三要素。

这个方程式中的“能力”，按稻盛先生的解释，主要指先天的智力和体力，包括健康，运动神经等。既然属天赋条件，自己就无法负责。这种“能力”有个人差，用 0 到 100 分来表示。

“努力”（或称热情）也因人而异。从饱食终日、无所事事的懒汉到忘我工作的模范，也用 0 到 100 分来表示。但这个努力与上述能力不同，不是先天的，可以由自己的意志决定。

稻盛先生举例说，一个天资聪颖又很健康的人，“能力”可打 90 分。但他自恃聪明不思进取，“努力”只能得 30 分。那么两者之积：90×30 ＝ 2 700 分。另一个人天赋差些，“能力”只评 60 分，但他笨鸟先飞，特别勤奋，“努力”可打 90 分。这样他的乘积为：60×90 ＝ 5 400 分。后者得分比前者高一倍。就是说，天资一般而拼命努力的人，可以比天资优良而不肯努力的人，取得大得多的成就。我们周围很多人就是这样。

然而，三者中最重要的是“人格 · 理念”，它是矢量，有方向性，从负 100 分到正 100 分。一个人能力越强，热情越高，但如果他一味以自我为中心，损公肥私，损人利己，或者哲学反动，那么他的人生就是很大的负数，并可能给他人给社会造成很大损害。这样的例子，古今中外屡见不鲜。

稻盛说，“能力”和“努力”的重要性众所周知，但人生道路上最重要的“人格 · 理念”，即哲学，却令人遗憾，几乎所有的人都不太明白。我再加上一句，几乎所有的人也不求甚解。

看看社会上腐败层出不穷，看着那些才智过人却并无出息或者昙花一现的人，就晓得稻盛先生说得多么正确、深刻、一针见血了。

二、几点说明

对上述方程式有几点还须加以说明。

（1）“人格 · 理念”的含义

日文叫“考方”，直译为思考方式，可分为两个侧面。

一个是人格的侧面。正面的，比如：公正、诚实、开朗、勇敢、谦虚、善良、克己、利他等等。负面的，比如：不正、伪善、卑怯、傲慢、任性、浮躁、妒嫉以及以自我为中心等等。

另一个是科学的侧面，就是“认识论”。实践、认识、再实践、再认识之循环。由五官从外界收集各种必要的信息，用头脑加以分析，从复杂现象中导出事情的本质，据此制订计划，然后实行。在实行过程中继续收集信息，再分析，并对照计划，作必要修正，然后再实行这样一个循环。简单讲就叫“实事求是”。先是正确认识事物，然后是拿这个正确认识去改造事物，或创造新的、美好的事物。

人格侧面和科学侧面相辅相成。

稻盛说：“充满利己的心目中，只呈现复杂的事像、利己的动机，势必模糊问题的焦点。”

现实生活中常有这样的事：有时候事情本身很简单，但因为当事人有私心，又要掩饰，掩饰私心，掩饰真相，事情就复杂化，真相变得扑朔迷离，叫人弄不清，人际关系也因此复杂起来，变得棘手，难以处理。因此一个人格高尚、心地纯洁的人，不受私心蒙蔽，就容易看清事实真相，看出事物规律，并勇于按事实、按规律办事。就是说，只有人格高尚的人才能始终实事求是。反过来，只有坚持实事求是，才能保持或提升自己的人格。

（2）成功三要素之间为什么是“相乘”而不是“相加”？

这里有一个“相乘效果”的概念。就拿稻盛为例，天资自然极高，给100分未尝不可，但若考虑健康和体力的因素，“能力”姑且打95分；他自始至终有燃烧般的工作热情，“努力”该打满分，即100分。他是优秀的企业家兼哲学家，但考虑到哲学还要发展，“思维方式”也打95分吧。如果三者关系是相加，总分不过95 + 100 + 95 = 290分，不能突出同我辈凡人的差距。如果是相乘，95×100×95 = 902 500分。这样的结果符合客观现实，稻盛的成就与常人比有天壤之别。他的企业集团2009年的销售额超过4万亿日元（约3 000亿元人民币），是天文数字。

相反的例子，希特勒也是天才，他的演说曾倾倒德国人民，“能力”可以打100分。我读过《第三帝国的兴亡》这本书。他有他的使命感，他也有燃烧般的热情，“努力”达到狂热，也可打100分，他的法西斯思想算负100分，若三者相加，仍可得正100分。完全不能解释他对世界空前规模的破坏。若三者相乘，负1 000 000分，那就差不多，与历史相符。

“小人无过世之才，不足以乱国”。世界上没有比心灵扭曲的天才疯狂努力所造成的后果更为可怕的东西。

另外如果是相加，智力一般而加倍努力的人，往往始终超不过聪明但懒惰的人。换言之，“富贵在天”，努力的作用不大。这不合事实。若真如此，兔子和乌龟赛跑的寓言就失去了教育意义。

（3）三要素中哪个最重要？

“能力”和“努力”的重要性，连小学生也懂。但“人格 · 理念”的决定性作用却常受忽略。因它有正负之分，对结果而言最为重要。稻盛先生用他的亲身经历作过说明。

稻盛大学毕业找工作，到处受挫。当时的日本，没后台，没后门，有证书也很难就职。屡屡碰壁之余，不免自暴自弃。他想既然这个社会如此不公，穷人得不到照应，没有出路，不如干脆投身黑社会，或当个“义贼”算了（中国叫劫富济贫的绿林好汉）。他说：“如果当时我真的参加了黑社会，或许就成了略有名声的黑帮头目。因为我有不亚于他人的热情，也并不缺少能力。但这个想法是反社会的，若真跨出那一步，我的人生必将呈现很大的负值。”

一个才能出众而又不懈努力的人，可以积聚很大的能量。但这能量如果没有人格来管住，可能会制造灾难。如果把能力与努力之积比作巨轮的发动机，那么人格就是巨轮之舵。巨轮是乘风破浪，驶向成功的彼岸，还是倒行逆驶，或冲向冰山暗礁，关键全在控制发动机方向的人格之舵。

（4）“人格 · 理念”是变数

它既能变好也能变坏，既能提升也能下降。“听君一席话，胜读十年书”，主要指受人影响，“人格 · 理念”快速提升。我们看到许多高官落马，比如成克杰、胡长清，他们能走上高位，并非一开始就是坏人坏思想。大凡这类人有能力，肯努力，会办事，贡献比常人大，因此很容易脱颖而出，地位上升，权力大了，威信高了。所有这些既可拿来作为做出更大贡献的资本，但在制约缺失时，又可用来为非作歹。此时他就来到常人不遇的风口浪尖。如果人格动摇，一念之差，就会一落千丈，从功臣变罪人。因此，一个有本事的人，尤其有了权威，春风得意时，特别需要：

第一，谦虚精神。正视自己的种种局限，种种弱点，谦虚使人进步。把自己的身份放低，大海在位低，百川流向它。

第二，感激心态。自己再有能耐，毕竟孤掌难鸣。机会是别人给的，没他人协助，一事无成。所以理应心存感激，乐意将利益名誉乃至威信，与人分享。

第三，知足意识。人有私欲，不能否定。但听任私欲膨胀就不正常。必然危及他人，危及组织，害了自己。“良田万顷，日食三升；广厦万间，夜眠百尺。”知足是睿智。与其追求虚荣，过度挥霍超过实际需要的物质财富，不如获取精神的满足和心灵的安宁。这才接近真正的成功和幸福。

这些无非都是理念的提升。

（5）怎样提升“人格 · 理念”

我们晓得了“人格 · 理念”的重要性，但怎样才能提升自己的人格和理念呢？

稻盛先生说，学习先贤们有关做人的道理，比如佛教、基督哲学以及中国的孔孟之道等，是很重要的。我们也多少拥有这方面的知识。但把圣贤们的教诲仅仅作为知识来理解和记忆，并没有多大的价值。必须用它来诫勉自己，提升自己的人格。

学习不可能一蹴而就，必须反反复复才能见效。运动员必须天天锻炼才能保持和提高体能。通过学习提升理念一事，更是如此，稍稍懈怠，立即降归原处。

其次是反省，反省自己的言行是否有违为人之道，如果有错，马上纠正。正如人的面孔会沾上灰尘，需要天天洗脸一样，人的心灵也会蒙上污垢，需要天天反省予以净化。人是血肉之躯，一不小心，就会屈服于本能的欲望，屈服于周围的环境，脱离正道。

学以致用，从知到行，从理论到实践，这中间需要一个能动的飞跃。这种能动性本来是人类特有的潜质，但是如果不发挥，一切无从谈起；如果不持续发挥，一切都会半途而废。

稻盛先生说："回顾自己人生的每一天，其实就是通过经营实践，不间断地提升理念的每一日"。

总之，"实践 + 学习 + 反思"才能有所领悟，才有可能进入哲学的境界。

强调高尚人格，强调提升理念，并把这作为成功的第一要素，乍看似乎近于迂腐，但其实这才是我们摆脱烦恼，将人生和事业的危机防患于未然的最好的、也是唯一有效的办法。除此之外，还能有什么良计妙策呢？

(6) 三要素之相互关系

在成功三要素中，稻盛先生把"能力"定义为先天因素为主，这是有道理的，也便于解释，便于同"努力”是后天的人为因素这一概念相对应。但我们实际上讲的能力，比如语言能力，作文能力，经营能力等等，是可以经过训练，或者说后天的努力来提高的。就是说人的“能力”中，有即使努力也提高不了的、先天的部分，和经过努力可以提高的、后天的部分。

另外还有所谓“潜在能力”的说法。就以学开汽车为例，我 50 岁才学会驾驶汽车。如果说 20 岁可合法学开车，那么这 30 年之间，我虽然没有开车的实际能力，但在我身上却一直存在着开车的潜在能力。

经过两个月的训练，这种潜在能力就变成了实际能力，或者说“显在能力”。如果我不努力，或怕出事故，或认为下面驾驶员有八九个，当头头的大可不必亲自开车，如果我这样想，那么我就不会主动去学，就永远不会开，开车这种潜在能力最终将同我的身体一起埋葬。学游泳，学外语，甚至经营企业等也一样。人有许多可以开发的潜质。几乎人人具备，并不要求特别的天分。话说回来，我虽会开车，技术却差劲，倒车特别蹩脚。

我成不了赛车手。当赛车手，特别要当赛车冠军，那只是少数或个别人的天资。我的潜质中缺乏这种天资。不过我能自己开车上下班，星期天不麻烦驾驶员，有时还可提高办事效率，达到这些目的就足够了。就是说“潜在能力”要变成“显在能力”这件事，或者说实际能力的提升，同“努力”和“思维方式有关”。

另外“理念”正确，就能保持旺盛的“热情”，坚持不懈地“努力”。同时努力工作，努力学习，也有助于提高心性。总之，“人格·理念”、“能力”、“努力”这三者既互相独立，又互相影响，互相渗透。

三、小结

对稻盛“成功方程式”的阐述到此告一段落。全文归结到一点，无非想说明“人格·理念”对人生、事业、社会的决定性作用。而我们大多数人却总是忽略这个真理。社会上一切乱象由此而生。

在通过光明大道到达巨大成功的实践中产生的稻盛哲学，包括这个方程式，不仅是经营者的无价之宝，而且不失为医治中国社会现代浮躁病的一副良药。希望社会各界都有人来研究它。

第二节　把“利他之心”引进加利福尼亚

松井农园　社长
盛和塾（美国硅谷）塾生　松井纪洁

松井苗圃在美国加利福尼亚州从事兰花的生产和销售。员工人数190人，销售额22.85亿日元，利润1.76亿日元。

作为农业实习生赴美并取得美国绿卡的松井先生，于1967年以5 000美元的资金开始种植菊花，以此为契机开始创业。制订了成为菊花种植世界首位的10年计划，占有了全美大轮菊15%的市场份额。石油危机后，转向种植比菊花更有发展前景的玫瑰。但正当走上轨道时，发生了劳资纠纷。虽然经过2年时间得到解决，但由于不知自己错在何处而陷入迷惘。这时接触到稻盛塾长的著作，认识到自己忽视了付出关爱。于是向员工逐一阐述自己的想法，并开展阿米巴经营进行挑战。通过经营数字的公开化顺利地实现了利润增长。后来又受到南美产廉价玫瑰进口的影响。因此，决定开始全年种植兰花，这在美国未曾有过。在 9 公分的小花盆中种植的迷你兰花在全世界畅销。

2007 年在硅谷“盛和塾”开塾时入塾，如今虽然 74 岁了，但仍干劲十足，计划在经营第一线干到 100 岁，今后的目标是实现销售额 40 亿日元，经常利润 8 亿日元。

我是承蒙主持人介绍，来自“盛和塾”硅谷分塾的松井纪洁，今天能有机会在全国大会上发言，感到非常荣幸。我将竭尽全力做好这次发言，请大家多多赐教。

1935 年，我出生在一个普通的农民家庭。高中毕业后，子承父业，成了一名农民。23 岁时，我结了婚，之后大女儿出生了。那时，我对自己的生活不抱任何奢望，1961 年，我以农民实习生的身份去美国进修学习，那一年，我 25 岁。第二年 4 月，我完成了实习计划，重新回到了奈良的乡下。然而，出于对加利福尼亚田园生活的向往，在回乡的那一年夏季，我再次只身一人回到了加利福尼亚，在一家菊园农场干活。那时，我身上只有一张1万日元的现钞，根本买不起去加利福尼亚的单程船票，买那张船票的钱还是到了当地之后才支付的。

两年后，通过申请，我拿到了美国的绿卡，之后，我把家人接到美国一起生活。从那时起，我妻子也开始打工，1小时工资85美分。就这样，我们开始有了自己微薄的积蓄。我是在1966年拿到绿卡的，就在拿到绿卡之后的第二年，我马上租了一块地，开始了菊花的栽培。当时的投资只有5 000美元，是我们打工攒下的。

接下来，在1970年，我用三年积攒的4万美元做本金，在萨利纳斯（Salinas）郊外买了总面积为20公顷的土地。又从银行贷款16.5万美元，当时的16.5万美元以现在的价值来计算将在100万美元以上。我制定了自己的事业发展规划并将其数字化，我还拥有自己的战略目标，要将菊花栽培的规模扩展为世界第一！就在我开始着手实施用10年的时间，建设总面积为13万公顷的新温室这一计划的时候，周围的人都在嘲笑我。不过，银行方面不仅赞同而且还支持我的计划，这就为计划的实施提供了资金上的保障。就这样，花10年时间建设总面积为13万公顷的温室，这一计划，在计划的第10个年头成为现实。

那时，我脑子里描绘的菊花栽培战略是，要能在一年四季的任何一个季节，向市场大批量地提供高品质、大花朵的菊花。同时，我的销售策略是，不以委托销售的价格，而是以直接交给终端用户的价格进行销售。另外，我还为自己制定了一个原则，那就是，在一个城市只为一家花店提供货源，这是为了避免降价竞争。

在我制定的菊花10年发展规划实施完成之际，我已经占据了全美大花朵菊花15%的市场份额，并且控制着菊花的市场价格。就这样，我的菊花生意一帆风顺，超出了我的预想。在计划实施的第8个年头，我的事业已经发展到有能力购买私家飞机这一水平上了。

但是，在20世纪70年代接近尾声之际，由于石油危机引发的通货膨胀日益加剧，大花朵菊花市场也开始疲软。为此，我迅速做出了新的决断，将事业发展的重点由菊花转移到具有发展前景的玫瑰花之上，并着手制订了玫瑰花栽培的6年发展计划。有了计划之后，我马上雇用技术人员，开始了玫瑰花的栽培事业。由于我在菊花事业上取得了丰厚的利润，所以，在事业转轨上我有充足的资金作保障。不过，玫瑰花不同于菊花，因为在美国国内主要城市的近郊，自古以来，就有专门从事玫瑰花栽培的大规模花园农场存在，他们已经控制了各个市场的经营主导权。

我在玫瑰花栽培事业上采取的战略是，利用萨利纳斯夏季凉爽的气候优势，将玫瑰花采摘上市的时机重点放在夏季，并开拓新品种玫瑰花的消费市场。我首先选择了新开发出的“织女星”这一新品种玫瑰花，将其率先投放到市场上。我的市场策略一举获得了成功，在进入玫瑰花市场的头5年里，我就大赚特赚，当然也交纳了不菲的税金。就是在这个时期，我在加州著名的圆石海滩（Pebble Beach）的高尔夫球场上，建起了带茶室的新居，飞机也换成了新型实用的机型。

然而，在这个世界上，你不可能总是一帆风顺。那是发生在 1984 年秋季的事。就在那几年前，在加利福尼亚，墨西哥人成立的农业工会组织掀起了一场不小的波澜，这场波澜也给花园农场带来了影响。由于我支付给员工的工资比其他的花园农场高出了 30%，所以，我认为工会绝对不会在我这里闹事。然而，工会方面却寻找借口，开始无理取闹。他们声称，“既然你能发出那么高的工资，那你就还可以再多支付一些”。

这些打着墨西哥国旗的工会分子们试图剥夺经营者在各个方面的权利。例如，即使要购买小型机器设备，也要得到工会的批准，雇用员工、解雇员工就更不用说了，必须得到他们的许可，在他们看来，这是一个常识。

我自己也曾有过一小时 85 美分的农场劳动经历，

我并非不能理解农场员工的心情。为了让我的农场员工们得到“物质和精神两方面的满足”，我给他们的工资高于其他农场30%。即便如此，农场里依然红旗招展、墨西哥国旗飘扬，我真的顶不住了。我暗下决心，卖掉农场，洗手不干了。农场转让的大广告牌立在了大门前，但是，由于农场已经被工会控制了，所以，根本无人问津。

就在这期间，我得到了这样一个消息，这个墨西哥人工会组织闹起了内讧，在竞争一把手的过程中，两名干部被工会扫地出门了。听到这个消息后，我一下子就兴奋了起来，我马上雇用了他们中的一个，并琢磨着，该采取怎样的策略，才能将工会从农场里驱逐出去呢？

结果是，在那两年里，工会组织只得到了廉价的劳动合同，为此，已经没有人再相信他们了。就在转过年来的时候，这个工会组织被赶出了农场。然而，我们公司的经营赤字已经持续了 4 年。即便如此，由于我一直采取“水库式经营”，所以，在银行里，我还有 400 万美元以上的现金储蓄。我马上行动，用这笔钱买下了农场旁边的一块土地，开始增建温室。

自从受到工会问题的困扰之后，我一直在思考，我什么地方做得不妥？究竟是什么原因让这 4 年的光阴白白地流逝？就是在这个时候，在东京，我与稻盛塾长的《提高心性、拓展经营》一书不期而遇了。在飞回美国的旅途中，我将塾长的书仔仔细细、认认真真地看了两遍，我还一条一条对照自身做了检查。

最初的项目我都合格了，然而，在“施爱”这一点上，我的做法并不得体。实际上，这 20 年来，我一直是罗大力俱乐部的会员，我给俱乐部的捐赠超出了我这样的会员的捐赠上限。我个人时间的三分之一也都用在了和地方官员沟通交流、帮助他人上了。对我自己公司的员工，在金钱上我也毫不吝惜。但是，我的这些行为和塾长倡导的“施爱”还相差甚远。在我的所作所为之中，缺少的是爱。

那时，稻盛塾长的教诲让我认识到，对公司的墨西哥籍员工“施爱”这一点最为重要，但我没有做好。知错必改，回到公司后，我立即着手进行公司的组织改革，公司的几个主要主管以及科级负责人总共 12 个管理岗位我都任命墨西哥籍员工担任。对公司的普通员工，我也开始要求自己大声、主动地和他们用西班牙语打招呼，“你们好！”“再见！”我的这些行动改变了公司的氛围，公司的利润率也得到了改善。就这样，我逐渐地迷上了稻盛哲学，也养成了一个习惯，一有空儿就捧本稻盛的书读一读。

我引进的阿米巴经营变革，提高了农场内的工作效率，与此同时，为了减轻公司主管们的工作负担，我在公司内推广以 5~6 人为一个工作小组，并实行了“计件工资制”的工作模式。这种工作模式和计时工资制相比，可以使工作效率提高 20%，公司员工的工资也增加了，农场里到处都充满着活力，一派生机盎然的景象。对计时工资制的公司职员以及周薪制的主管助理们的工作情况，我每年都作一次公开评定，对他们的工资薪酬全部予以公开，提高了透明度。对营业部门的人，我不仅采取了佣金制，还取消了他们工资的上限。另外，对公司的 4 名主管，我将他们的工资体系重点转移到与他们各自的产量挂钩、与公司的纯利润分配挂钩之上。这样一来，我的工资收入反而降到了公司的第 8 位。

虽然工会问题得到了解决，但是，从 1989 年起，公司又开始受到来自南美的廉价进口玫瑰的侵袭。对此，我一方面改变了玫瑰花的销售途径，采取直销方式，利用宅急送便将鲜花直接送到消费者的家中，与此同时，我还加强了攻势，向超市提供玫瑰花束。超市的花束销售还是一个全新的服务项目，为此，我接到了大量的订单，但是，竞争对手们马上蜂拥而上，纷纷效仿。

这时，我不仅改变了玫瑰花的市场销售策略，还开发出了对玫瑰花进行“真空冷冻干燥”保鲜的新技术。只此一举，我们向日本、欧洲等市场大量出口经过“真空冷冻干燥”保鲜处理的玫瑰花，一举得到了巨额的收益。但是，经过“真空冷冻干燥”保鲜技术处理的玫瑰的经营也受到了来自南美的低廉玫瑰的侵袭，那些低廉玫瑰开始破坏我的市场。

从1991年起，来自南美的供插花用的“切花”进口急剧增加。在我们这座城镇共有65家从事鲜花栽培的农家，几乎所有的农家都被迫关门歇业了。就是在这个紧要关头，我手头还有数百万美金的股票和现金，手上有现金，我就有小型喷气式飞机的冲动。所以，我赶紧用手头的现金购买了土地。我的“水库式经营”主要是购买土地，因为土地不管何时何地都可以用作担保。

后来，我用了几年的时间收购了总面积180公顷的农业用地，在不久的将来，这些土地都将被用作城区开发用地。果不其然，几年后，正如当初预想，市政当局决定将那里开发成城区。现在，这些土地都有了买家，价格也上涨到了当初的10倍。现在，我的“水库式经营”真可以说要冒顶了！

不过，由于我的鲜花生意还是以“切花”为中心，为此，我与那些来自南美、成本低廉的产品竞争愈演愈烈。

1994年，我开始着手准备进行第三次种植品种的转轨。

从现在算起，在10年前，在兰花的栽培方面，美国还没有日本、荷兰那样的全年栽培技术。我认为，如果能引进兰花新品种和栽培技术，通过大规模栽培，使兰花的价格定在让主妇们都能接受的程度，再加上有大店渠道能进行批量销售的话，美国这个巨大的兰花市场一定能开发成功。我下定决心，要让美国的家庭主妇们“养成用兰花装饰厨房的习惯！”

不过，若用一句话简洁明了地概括美国家庭的特征的话，毫无疑问，人们肯定会想到贫富差距很大。为此，我用大、中、小三个尺寸的花盆栽培兰花，与此同时，我还想方设法，栽培各个不同品种的兰花，扩大商品的选择范围，争取让所有的人都买得起兰花。特别是我提案发明的栽种在9厘米花盆里的“迷你兰花”，冲破了当今世界的经济萧条，成为了畅销世界的商品。

在全新品种的兰花即将上市时，定价是个让人头疼的问题。好在这时，看到塾长的《稻盛和夫的实学》一书中的一句提示，商品的价格应该是“顾客能够理解、并心悦诚服地购买时的最大限度的价格”，我就是按照这一基准定价的，成本+30%。

一般来讲，兰花这种植物从育苗到成为商品，平均需要两年的时间，不过，它的利润率也在上升，近年来我们公司的纯利润率是，2005 年为销售额的 23%，2006 年是 24%，2007 年的销售额为 2 600 万美元，利润是销售额的 25%，达到了创纪录的 670 万美元。

但是，从 2007 年年初起，住宅价格开始以 15%的速度逐年上涨。在我看来，“泡沫经济一旦崩溃的话，兰花也将滞销。”为此，我终止了所有的增产计划。另外，我调整了商品结构，在兰花栽培上，在增加了小盆兰花栽培的同时，我缩减了大盆高价产品的生产。虽然生产调整工作非常棘手，很费周折，但是，经过一番调整，我们的主打产品由平均零售价格 20 美元转到了平均 10 美元的商品上。虽然我曾预计 2008 年的销售要比前一年减少 3 成，但是，由于经营方向的及时转换取得了成效，销售只萎缩了 16%。同样，我预计 2008 年会出现年度经营赤字，但结果是，我们还保住了 7.7%的利润率。

从 2009 年 5 月起，席卷世界的这次经济危机开始见到了一丝曙光，为此，我又重新启动了兰花栽培的第三次计划。本次计划的轮廓是，加快旧温室的改造，3 年后将年产量一口气扩大到 550 万盆，年销售额为 4 000 万美元，纯利润增加到 800 万美元以上。为了实现这个目标，现在，我们开始在纽约南部建设兰花开花用的温室。我们将半成品送到那里，然后让兰花在那里开花，以此举措积极开拓东海岸市场。“危机就是商机”，我在实践塾长的教诲。

另外，不仅仅是在美国从事兰花栽培，我还要将兰花栽培事业的影响扩展到全球范围，我提出了一句口号，“21 世纪是兰花的世纪”，2007 年春季，在台湾，“国际兰花栽培者协会”宣告成立。我被推举为该协会的第一任会长，任期三年。为了世界兰花栽培事业的发展，我以一颗“利他之心”，花费时间和财富，全身心地投入到了这场事业之中。

现在，我们公司的规模是这样的，总土地面积 216 公顷。不过，其中的 2/3 扮演着“水库式经营”中水库的角色，我把这些土地出租给蔬菜农家，等待将来的住宅开发。温室的总面积是 30 公顷，约为东京巨蛋的 6 倍。在栽培面积方面，兰花的栽培规模已经达到了世界第一，产量约占加利福尼亚州的一半，美国国内总产量的 20%。公司现有员工 190 名，资本金 114 万美元，股东只有我一个人，公司一贯实行无贷款经营。

15 年前，为了在死后不留纠纷，我写下了遗书。我的兰花栽培是从 1998 年开始的，那时我 63 岁。30 年前，我的大女儿从乡下的高中考入了哈佛大学。我对下面的三个孩子们宣布，“不能上哈佛的就来当种花的继承人”。也许是为了不让“悲剧”发生在自己身上，4 个孩子都从哈佛毕业了。为了给继承人留下这份工作，从那时算起，已经过了 30 年。现实中，我自己在继承自己的事业。由于我让孩子们都从事自己喜欢的工作，所以我很自豪，我“为孩子尽了爱心”！

我了解到，稻盛塾长投入自己的万贯家财，于1984年成立了稻盛财团。孩子们大学毕业后，我深感，大学教育原来有如此高的经济效率呀。我终于明白了，美国孩子们的将来是在大学接受教育的过程中决定的。另外，在我们这个人口近50万人的蒙特雷（Monterrey）郡，拉丁裔占到了人口的一半，暴力团远近闻名。为了能改变这个现状，新产业的开发以及作为新产业开发根基的人才培养，特别是大学教育的普及成为了一个先决条件。虽然我并不像稻盛塾长那么有钱，但我在自己的遗书中公开表示，“在我死后，我的遗产将全部用来资助本地区的贫困孩子接受大学教育。”之所以这么做，是因为，我想实践“利他之心”这一塾长的谆谆教诲，哪怕是一点一滴也好。为此，5年前，我成立了“松井财团”，目前暂将公司每年利润的10%捐献给该财团，开始用于大学奖学金制度。

我这个松井奖学金每年支付给每个人 1 万美元，为期四年。有了这份总额 4 万美元的资助，即使没有家庭援助，只要再打点零工，就可以支付到公立大学毕业为止所需的教育费用。

5 年前奖学金制度开始时，只奖一名学生。2009 年已经增加到了 18 人，在这 6 年里，受奖学生人数达到了 60 人，我已经捐献了 224 万美元用作奖学金的基金。但是，我的这个松井奖学金将来的基金来源，主要靠现在我手上的 180 公顷土地和我的农场，总金额能有 1 亿美元左右。我想，至少可以资助 2 500 名以上的贫穷孩子在今后的 25 年里从乡下踏进大学的校门。

从钱上看，我为社区的捐赠算不上多。不过，这些钱是我的全部家产，是我用毕生心血换来的。我想，将自己的所有财产全部捐献给这个地区社会，才是我奉献的意义所在。

我不给自己的孩子和孙子们留 1 美元财产。我要将从塾长那里学到的“利他”的思想代替金钱财富，作为

“遗产”留给我的子孙。我想留给他们的是，当一个人有能力帮助他人时，就要为那些不幸的人尽心尽力。这一点非常重要。

2007 年，在硅谷成立了“盛和塾”分会，我马上就加入到会员的大家庭之中。聆听塾长的教诲，和其他会员们探讨经营问题，让我忘却了时间的存在。过去，我只是在书本上追寻塾长的足迹，领会塾长的思想。和那时相比，现在是何等的幸福啊。另外，从 2008 年起，我开始出席全国大会，在这里，我亲身感受到了 2 500 名会员的炽热之心。

另外，2008 年亲自出席硅谷分会开学典礼的塾长还来到了我的兰花栽培农场。塾长和随行的塾生们一起，通过温室的中央通道观赏我的兰花，那时，他问我，“椅子中间的过道可以进去吗？”我连忙回答道，“当然可以。”于是，塾长一个人径直地走了进去。他手捧着兰花，说：“我要捧在手里仔细观察……”就在那一瞬间，我脑子里炸响了一片霹雳！我感叹道，“付出努力，深入到经营的各个角落认真观察，才能成为一个真正的经营者。”

今年我才不过 74 岁，我要在现在的工作岗位上干到 100 岁。我想，我们“盛和塾”的塾生们必须成为历史的见证人，我们要向后人更广、更深、更远地传播塾长的教诲！

在此，我要向塾长表示衷心地感谢，今后，还恳请塾长多多指教！

第三节 “利他哲学”引领企业持续发展

宜兴协联热电有限公司 总经理
盛和塾（无锡）塾生 宗伟刚

尊敬的稻盛和夫先生、各位企业界朋友：

我是中国江苏省无锡市宜兴协联的宗伟刚。两个半月前（2007 年 7 月），稻盛和夫先生亲自率领 120 多位日本企业家光临太湖之滨，在无锡市盛和企业经营哲学研究会开讲式上发表“经营为什么需要哲学”的精彩演讲，使我和研究会学友深受教益。今天，我能作为无锡市盛和企业经营哲学研究会推荐的代表在京都盛会上发言，感到十分荣幸。

宜兴协联是一家迅速成长中的企业。二十年来，我们从小到大，由弱变强，企业规模不断扩大，从一家名不见经传的小发电厂，发展成为拥有热电、生化两大板块的综合型企业。2006 年企业实现销售收入 13 亿元（人民币），利润 1.8 亿元，增值税、所得税合计超亿元，创造了宜兴市的历史纪录。2009年年初，我公司向当地慈善会一次认捐1 000万元，虽然只有交税额的1/10，但对社会的正面示范作用，却大大超过交税的影响。

我从1999年开始担任宜兴协联的总经理，在经营企业的实践中，特别是近几年在学习稻盛哲学的过程中，我逐步认识到：经营者的能力、闯劲加上运气，可能使企业获得一时的成功。但企业的持续成功，决定性因素是经营者的优秀品格和正确理念。企业家所持有的哲学观点决定了企业的成败。

四年前，通过一篇题为《百术不如一诚》的文章，我有幸结识了曹岫云先生，通过他的介绍，我学习了稻盛先生的有关论著。"稻盛和夫的人生方程式"激发了我浓厚的兴趣，"稻盛和夫经营十二条"引发了我强烈的共鸣。这四年是我们企业发展的关键期，四年来，稻盛哲学使我逐步走向成熟；稻盛哲学也正逐步融入协联文化中。2008年6月曹先生的专著《稻盛和夫成功方程式》由中国大百科全书出版社出版，我立刻买了300

本，发给企业有关干部员工，并在企业自办的《协联报》上开辟专栏介绍稻盛哲学。稻盛哲学内涵丰富，但核心却十分简单，用两个字表达，就是“利他”，用四个字表达，就是“利他自利”。我认为，这种“利他哲学”不仅可以解释我们协联几年来的成功经验，更重要的在于，这种“利他哲学”正是引领企业沿着正确道路持续发展的思想武器。

一、“利他”和战略——“利他哲学”使经营战略获得成功

稻盛先生一贯强调，经营者在考虑所谓“战略战术”之前，首先必考虑“作为人，何谓正确”；任何战略战术都不能违背“公平、公正、正义、诚实、勇气、谦虚、博爱、勤奋”等做人的基本准则。

比如我们热电厂要发展，必须大力培育热负荷用

户，形成规模。而上马绿色长线产品柠檬酸，依托热电是个优势，而柠檬酸生产消耗大量热能，反过来又促进热电发展，热电和柠檬酸这两块相互依托，相得益彰，这无疑是一项正确的战略。但热电和柠檬酸都属于高污染的传统产业，热电产生大量废气，主要是二氧化硫，柠檬酸则产生大量高浓度废水。我们在实施这项战略之前，就形成了体现“利他哲学”的“绿色协联”的理念，绝不只图企业盈利而把污染留给社会。为此，我们不惜巨资，解决废气废水问题，仅一套烟气生物脱硫装置，就投入了 1.2 亿元。烟气生物脱硫就是用废水来处理废气，这项技术目前在世界上属于一流的环保高新技术，因为我们抱着无论如何必须解决废气废水问题的强烈愿望，不断努力，结果不但有效解决了污染问题，而且变废为宝，使资源得到循环利用。比如我们把处理污水时产生的副产品沼气用来发电；烟气生物脱硫置换出的很有经济价值的副产品单质硫，下一步我们准备用它来制造硫酸，等等。我们在环保和资源综合利用方面的成果得到了国家、省、市领导的充分肯定和环保专家的高度评价，荣获江苏省首批循环型示范企业称号，顺利通过省资源综合利用的审查，并且已经获得和即将获得数千万元的环保资金补助。

在实施培育热用户战略时，我们着眼于长远，把供热当做一项社会公益事业和城市基础设施来做，供气价格始终定在全省最低价位，让用户不但得到清洁、高品质的能源，提高他们的产品质量，而且还大大降低了他们的生产成本，以此来取得用户的信任。在我们周边有家高耗能的化工厂，很长一段时间抱着“自有自便当”、“它供不划算”的想法，先后共建起28吨蒸汽锅炉，拒不接受我厂供热。我们主动请该厂按他们认为划算的成本量为我们的供气定价，并进而采取一揽子长期承包的方式打消他们的疑虑。在试运行一段时间之后，该厂终于停掉了他们的全部锅炉，成为与我们十分友好的用户。这样的事例很多。目前我公司的热负荷从1999年前的20吨/小时发展到现在的300吨/小时，增长了14

倍。因为我们为周边企业集中供热，淘汰了150多台小锅炉，减少新增小锅炉100台，断绝了大量小锅炉污染源，社会效益显著。

正因为我们自始至终把客户和社会利益放在首位，也就是坚持了“利他哲学”，我们的经营战略才获得了卓越的成功，使企业实现了跨越式发展。

二、利他和自利——“利他哲学”带来好运

稻盛先生的“利他哲学”，就是遇事必先体谅对方，不能只考虑自己的利益，有时即使付出自我牺牲也要为对方着想。“利他哲学”一定会带来“人我双赢”的结果。

考虑到我国东北佳木斯地区在煤炭、玉米以及劳动力成本等方面的优势，以及我们自身所具备的技术、管理和理念优势，2008年，我们决定收购黑龙江省佳木斯

市桦南电厂。

这时候我已经比较深刻地理解了稻盛先生有关利他自利的因果法则。收购桦南电厂，我们从一开始就有意识地、全面地实践“利他哲学”。

桦南电厂是一家亏损企业，承包人在亏损了2 000多万元后，甩手不管。当我们初次到厂时，北方供暖期临近，如果再没有人接手，必将耽误供暖，可能造成严重的后果。而这时当地政府与前承包人之间的合约还没有了断，不能与我们签订正式协议。就是在这样的背景下，我们向当地政府做出承诺：无条件义务帮助他们恢复生产，保证供暖期来临前正常发电供暖。我们选派精兵强将，对机组和热网进行维修、改造，仅花了20天时间，机组就按计划启动，保证了按时供热。同时还消除了厂内冒了十多年的黑烟。

我们先拿宜兴协联的钱给当地员工发工资，员工的平均月收入从700元增加到1 000元。春节前，我们又为全厂员工，包括下岗员工和退休职工送去油、米和优质面粉，并告诉那些下岗员工：厂里暂时用不了这么多人，不用多久，新工程上马厂里招工时，他们将是优先考虑的对象。

当了解到当地一些特困户交不起取暖费时，我们不但为他们代缴取暖费，而且还带上慰问品挨家挨户上门慰问。

按规定，每年的4月15日就将停止供暖，但考虑到当地的天气比较冷，我们便无偿延长了半个月供暖期。

因为前任承包人拖欠供应商2 000万元货款还不出，我们刚到时没有一家煤矿肯向企业供煤。但我们承诺：与宜兴协联做生意，公关费用为零，货到款清。并在质量超过预期的情况下，主动加价2元一吨，使供应商大为感动。

我们的技术人员在协助恢复生产的同时，主动义务担当了培训运行工人的任务，毫无保留地传授技术与经验；我们选派的总经理在当地认养了三个读不起书的穷孩子，加上宜兴的结对助学，他用他并不是很高的薪水负担了5个孩子的学习费用。

许多国有企业在转让、并购前后，员工与新、老经营层，与当地政府间往往发生激烈的冲突。但我们这次并购没有发生任何争吵，没有任何一位员工提出非分要求，员工们反而集体要求政府尽快将企业正式转让给我们。

我们的派遣干部与当地工人结下了深厚的友谊，在他们回宜兴时，每次都有好多人主动为他们送行，依依不舍。

几家煤矿争先恐后主动要求供货，而且不要现钱，愿意赊欠。

基于对我们的信任，当地政府终于决定以相当优惠的价格将企业出让给我们。

"利他"的行为给我们带来了空前的好运，获得了我们在宜兴无法取得的宝贵资源和发展良机，使宜兴协联有可能实现又一次大发展。

宜兴协联派驻桦南电厂的总经理非常喜欢《稻盛和夫成功方程式》这本书，他把这本书放在枕边，反复阅读，他对稻盛先生的思想产生了强烈的共鸣，他对稻盛哲学在实践中的威力感触最深。

2009 年 5 月，“桦南协联报春热电有限公司”正式揭牌成立，企业呈现蒸蒸日上的景象。

最近，邻近佳木斯的双鸭山市宝清县政府和相关企业，积极主动地要求我们并购类似桦南电厂的单位，并已进入正式协商的阶段。这一地区探明储量的煤炭资源，占黑龙江全省的 40%左右。

三、利他和自律——实践“利他哲学”的关键在于经营者的自律

稻盛先生认为，企业经营的真正目的，既不是圆经营者个人之梦，更不是肥经营者一己之私，而是在追求

全体员工物质和精神两方面幸福的同时，为社会的进步发展做出贡献。为此经营者必须超脱私心的束缚，让企业拥有大义名分。

1999年2月，一纸调令，将我从化肥厂调回热电厂担任总经理。一个有数亿资产规模企业的担子落在肩膀上，这使我好多天寝食难安。

经营者的品格是塑造领导力的基础，是追随者对其信心的来源；提升品格首先是做到廉洁自律。宜兴协联一年采购的原材料就近10个亿，这几年基础建设又不断，固定资产投资已超过15亿元，加上人事任免权，总经理的权力确实不小。不谈谋取不义之财，就是来自各方面小恩小惠也很可观。但是，我对自己、对家属、对直系亲属都有纪律。因为我坚持原则不讲情面，时间长了，有的亲属、同学、朋友不理解，开始疏远我，对此，我常常告诫自己要耐得住寂寞。我想，我弯一尺，别人就可以弯一丈。为了维护企业，不义之财即使蝇头小利也不能沾。这些年来，相当多的钱物除了直接退还外，实在退不了的，我全部上交办公室登记。我以为，如果因为能力水平的原因我算不上一名称职的总经理的话，在廉洁自律方面我完全可以而且应该成为一个榜样。这样，也有助于我提高领导效率。

2003 年 9 月，企业改制，国有股退出，根据当时主要经营者多持股的惯例，考虑到我对企业的责任和贡献，以及企业良好的发展态势，政府主管领导主张让我多持股。从个人利益考虑，我应该听从劝告多持股，鉴于我在企业的威信，干部员工也不会有很大的异议。但从“利他哲学”考虑，经营企业要靠大家齐心协力，经营成果大家分享为好。当然企业每个人的能力和作用不同，但过高估计我的贡献，让我占大股，我觉得不妥。权衡再三，我提出了四个四分之一的方案，就是总经理 1/4，经营层其他人 1/4，中层干部 1/4，技术骨干、班组长 1/4，这样全公司持股者超过了 100 人，占员工总数的 10%，囊括了企业主要骨干。实践证明，这是一个大体公正的方案。我认为，在我们企业的现实情况下，人人持股，等于无股，大锅饭并不公平，并不利于有效地调动大家的积极性。对于没持股的员工，我们大幅度提高了他们的工资奖金水平，三年多来，年平均收入从1.8万元上升到2.8万元。减少我个人的持股比例，扩大持股人数，我提出并实行的改制方案，避免了在其他企业出现过的改制风险和激烈的争斗，使改制顺利推进，为企业内部劳资关系的和谐奠定了基础。改制后，随着企业的快速发展，企业骨干的个人资产大幅增值，除工资奖金增加之外，还有股利收益，他们得到了共享经营成果的喜悦。为了激励后来进厂的新秀，我们将要规定持股干部退休后50%的股权由企业回购，用来奖励后起之秀。另外，比股权等物质奖励更为重要的是精神满足。我们重视教育培训，特别是干部的人格教育。同时不断发展事业，给德才兼备者表演的舞台，让他们能够充分实现自身价值，由衷信任他们，让他们在克服困难的过程中磨炼心志，提高能力。

宜兴协联改制成功，说明企业要实践“利他哲学”，经营者的克己和自律是关键，“其身正，不令而从；其身不正，虽令不从。”只有经营者在关系个人切身利益的重大问题上带头实践“利他哲学”，“利他哲学”才能在企业员工中渗透，蔚然成风。

企业环境不断变化，经营者会遇到新的问题和新的考验。稻盛先生说：“人格是变化的。运动员为了保持其体能，必须天天锻炼，人的精神也是如此，必须努力陶冶才能保持良好的状态，即使一时人格得到了提高，一旦懈怠，就会堕落。追求高尚的人格，并将它始终维持在理想的状态，需要付出相应的努力，努力克制私利私欲。”挑战是考验，机遇也是考验。挫折是考验，成功也是考验。公司有考验，家庭也有考验……我钦佩稻盛先生把生命的每一天真正过成了不断学习、不断行动、不断反思的每一天，过成了不断提升人格与理念的每一天。只有像稻盛先生那样，在不断实践、不断学习、不断思考、不断自我反省的过程中，经营者才能有效抵制环境的负面影响，抑制自身本能的利己欲望，净化自己的灵魂，使“利他哲学”真正血肉化，用“利他哲学”规范自己和企业的一切行为。只有这样，企业才能持续发展，并不断对社会做出更大的贡献。

（原载日本《盛和塾》杂志第 81 期）

第四节　实践稻盛哲学，就能看到原来看不到的真理

株式会社平和堂　社长
盛和塾（滋贺）塾生　夏原平和

零售店的命脉是开店，开店很辛苦

1957年我父亲在滋贺县的彦根市开设了“平和堂鞋包店”。后来逐步扩大商品品种，1963年平和堂成了销售日用品的百货店，卖场面积达3 300平方米，1968年在草津车站前开了第二家连锁店，之后连续开新店，现在包括关联的零售店在内，以滋贺县为中心，2府7县大小店铺已达119家。

这样说来，或许大家认为我们的发展一直很顺畅，事实绝非如此。在降价销售被认为是理所当然的时代，有勇气导入“明码标价”的销售方针。向原本一无所知的新鲜食品领域发起挑战，决定自营。特别是不断开新

店所付出的辛苦，均非同寻常。

零售业的店面选址布局最重要。为了确保获得好的店铺位置，不是容易的事。有人说“平和堂运气真好，能在那么好的车站前拿到那么大块的空地。”实际上不可能有现成的空地。那是我们每天工作到很晚，包括除夕也不歇，与土地所有者不断交涉，取得他们协助的结果。

日本还有《大店法》对开店进行限制，交道不好打。还有工会的问题，确保人才的问题，资金筹措的问题，石油危机后建设费用上涨的问题，到中国开店等等，要面对许许多多的困难。父亲凭着创业者的魄力积极应对，我作为助手辅佐他。

我生于 1944 年 9 月，正是战争激烈的时候。父亲期待到自己的孩子这一代能迎来和平，所以店名以平假名“平和”两字命名。平和堂设立于 1957 年，听父亲讲，他希望儿子继承这项事业，把公司名称改成了平和堂。

树立高目标，不断奋进

下面讲几点学习和运用稻盛哲学解决实际问题，并从中看到的真理。

第一点，“朝着高目标，认真进取，谦虚谨慎，不骄不躁，努力奋斗。”

我于1988年45岁时出任平和堂社长。我进公司是在1968年二号店即草津店开业时，所以出任社长前已在公司干了20年。采购、店长、商品部、店铺运行部、促销部等各部部长，总务人事本部长、专务、副社长都做过，与其说是第2代社长，还不如说是第1.5代更为确切。有了当好社长的自信，当时正值泡沫景气时期，销售增、利润增，业绩好，经营顺畅。

泡沫经济破灭对我们这个行业影响也不大，有一种安心感。1996年利润到达顶点，为85亿日元，但接着连续三年下降，第一年下降到64亿日元，原因有两个，一是泡沫破灭后的经济萧条，二是当时认为这种萧条正是设备投资的好机会，在一年当中增开了7家新店，这只是一时增加成本，所以并不担心。

但第二年利润降到46亿日元，觉得问题严重，就有点慌张了。第三年利润又降到41亿日元，记得当时有一种恐惧感，担心赤字亏本。

当然，这几年来指示各部门削减各种经费，但效果并不显著。另一方面同行业其他公司业绩也在恶化，大多数公司的利润率在1%以下，而我们平和堂还算好，有1.4%，用还说得过去这种理由自我辩解，跌入塾长常说的所谓“世间的常识”这样的陷阱。

正在此时，我从交往密切的塾生处听说，在东京召开的塾长例会上，塾长强调，“正因为处在经济萧条时期，就更要达成应该达成的目标，必须这样去思考。”“制造业的利润率要达到10%，你必须这样想。”

我一直认为零售业利润率达到4%就很好了，从这点出发给干部下达费用削减的目标，寻找店铺减利的原因和对策，在人员配置等方面作了调整。这样做后，原以为毛巾里的水分已经拧干了，此时才明白其实湿漉漉的水分还很多。对许多事情，过去没采取改进措施，或措施很不得力，自我要求不高不严，改进的愿望不强烈等等，对这些我都进行了认真的反省。

做预算管理的人认为只要把费用控制在预算范围内就好了，而没有贯彻“费用最小化”的原则。这是因为在泡沫经济时放松了管理，努力不够，另外也是企业领导人亲临现场不够，认真程度不足造成的结果。

塾长讲过“要谦虚不要骄傲，努力再努力，现在是过去努力的结果，将来如何要靠现在的努力。”确实，在泡沫经济时期我们放松大意了。另外，一旦经济上有盈余就会产生“花这点钱没关系吧”这种感觉，放松对费用的管理。塾长告诫我们要“坚持俭约方针”，但当时我就抱有自我放松的感觉。

原以为销售额增加就是成长，但其实只是膨胀。特别是许多人只是消极等待上级指示，干部没有培育起来。这方面的反省对后来的经营起到了促进作用。

分析利润下滑的原因在于，新店开得太多增加了开店成本、新店初期亏本，在附近商圈内，新店和自己老店之间的竞争，原有高收益店大幅降利等等。对此采取的对策就是实行“销售最大化，费用最小化”。对分店、分部门的经营管理表和月度业绩表进行详细分析，加以改进。加上新店开始盈利，第二年整个公司利润上升，到本期为止，利润已7年持续上升，而且利润率已达到3.2%。

但在第五年结束时，我又受到了塾长的教诲。

当时流通行业形势严峻，许多大型超市或破产或处于苦斗恶战之中，而我们公司却连续5年增收增利，销售利润达到历史最高水平，超过100亿日元，利润率超过3%。我开始感到安心甚至自满。

1994年2月在大津的塾长例会上，塾长问：“最近业绩如何？”我答道：“虽然形势严峻，但由于努力利润持续增长，利润率已超过3%，我想经过努力合格目标4%能够达到吧。”我本来期望得到塾长一句“不错、继续加油”鼓励的话，不料塾长合起双腕，闭目思索，然后说道：“4%可能算合格，却不属于优秀。”那一瞬间我无言以对，只好说：“是，一定努力。”但心里却想，在经济不景气、竞争激烈的环境之中，达到4%已经很不容易，塾长对流通行业的困难大概不太了解吧。

但是第二天调查同行业的利润率，虽然各个公司规模大小不同，却真有利润率达到5%、6%的。塾长看穿了我们有自满情绪：“连4%也做不到！要瞄准更高的目标努力干！”我意识到塾长在批评激励我。只有树立高目标，才能集结能量，才能获取更大的成功。为什么平时从塾长处学的道理自己就不能实行呢？我认真反省自己。

于是开始在公司内提出利润率要达到5%的目标。结果从上到下一片反对之声：“那怎么可能？”“4%还没达到，怎么又要5%？”我举例说，为什么过去利润率曾降至一半以下，现在这个时代什么事都可能发生，不管发生什么事公司都不能破产，为此企业的领导层必须有清醒的头脑。至于如何提高利润，我举例分析销售管理费偏高的原因，降价和断货造成的损失，采购成本要降下去，用具体事例说服大家，向新的目标前进。

看核算表就能看到现场

第二点，10 多年前，有幸搭乘塾长的车子，看到胳膊肘处放了很厚的资料。是公司的业绩表，各个事业部、各个工场记录详细数字的分类表，估计是阿米巴经营的核算表。约有 1 厘米厚，我草草翻了一下。塾长这么一个大忙人居然还看这么细致的现场资料，我为之一惊。

这之前我只看汇集后的总的数字，这之后我也开始看各个店铺、各个部门的详细数据，并将原有的店铺利润表改成新的店铺利润管理表。

每个店、每个部门、每种商品的销售额，每天的每个小时都能明白。以商品为中心的经营管理表星期天做完，到星期一早晨，每个店、每个部门的销售额、毛利、降价情况、进货情况、库存情况都一目了然。月度业绩表每月20日做，到25日费用以至净利都清楚了。而且每个部门所属店铺的利润次月的1号都可掌握。

现在这些情况都尽可能做细，从这些数据表中可以发现各种问题，升、降、正常、异常等，最近特别对新店、有新竞争店出现、经营不景气的店看得更仔细。

从经营管理表中发现的问题记在脑子里，星期六、星期天或者出差时到有关店铺转一转，亲临现场，听取店长和员工的意见。

外部环境没变，营业额却降了，到那里一了解，原来是店长与部下关系恶化了。有的店营业上不去，到现场一看，是收银员不如竞争对手。到降价损失多的店去考察，发现傍晚降价时间太早，或过分委托店里的钟点工。另外早晨开店时缺品，将现场拍下照片，开会时出示给大家看。

我再度细看核算表，看数字管理表就能想象现场发生的事。我一走出店，就有人同附近的店联系，那家店的店长在一楼喊“欢迎，欢迎！”很起劲的样子，出了不少笑话。总之我喜欢到现场去，现场非常重要。除了生病外，即使休息日我也不会悠然呆在家里。元旦店铺还营业，我记挂着就会去现场。虽然还做不到不亚于任何人的努力，但做到努力不亚于任何员工是理所当然。塾长说：“要去现场100次。解决问题的线索在现场，新的启示在现场，现场真是宝山。”“在现场与员工进行经营方面的交流对话。”我觉得这些话非常重要，我就实行。

非常时期领导者要挺身而出

第三点，1983年起，24小时营业的日夜便利店发展很快，我们也开始参与这种“超市”，这种“超市”是总部位于荷兰的世界性组织，在日本也已分地区开展经营。我们决定在滋贺、京都、福井以地区分部的形式加盟，我任社长，开始时亲自全力以赴。当了平和堂社长后，就委托给常务去做。

到1996年已开了135家店，加盟店营业额达193亿日元，利润超过1亿日元。后来竞争日趋激烈，亏本店增加。从长计议，以现有规模要继续生存非常困难，对加盟店、供应商、平和堂都不利。基于这种判断决定撤退。

一旦要撤退，按照加盟合同，靠经营超市吃饭的加盟者如何善后成了问题。这时候要叫负责超市的常务和部长来解决就有困难，我作为经营者必须挺身而出。有损害赔偿的问题，公司可能蒙受很大损失。

另外超市要找接收对象，与数家公司进行了交涉。最终请与我有人际交往的法米利玛特接收。与加盟者开说明会，其中大多数人我不认识，常务担心，要由他出面。但我想到塾长所说的话“领导人要亲临第一线！”“临事要拿出勇气，不可有卑怯的举止。”越是这种时候我越应挺身而出。于是我向大家作说明，回答大家的问题。

此时加盟者中第一个发言的人说道："今天原本以为由常务解释，现在社长亲自说明情况，让我觉得放心，我立即与法米利玛特签约。"

因为有第一个人的发言，大部分人都同意与我们的转让接收者法米利玛特签约，所以没有发生大的纠纷。另外因为加盟资金及时退还给各加盟者，所以问题的解决时间比预想的大为缩短，公司的损失也比预想的少。

现在回头来看，当时处理果断及时，如果晚一年后果不堪设想。员工们也都尽了力。与人为善，加上诚实认真的经营，才获得了这个绝好的退出机会。

通过实践得到了好经验。从这件事可以看出，在非常时期领导者亲自出马，这种负责的态度决定了事情的结果。同时优先考虑加盟店的利益，这种利他之心很重要。

把《活法》发给全体员工和全体钟点工

最后一点，我从塾长处学到许许多多道理，而其中最主要的是“人生方程式”。即人生 · 工作结果 = 思维方式 × 热情 × 能力。

我在新员工入社教育，新店员工调整，公司报纸上，利用各种机会讲解这个方程式。最重要的是思维方式，就是同情心、利他心、正直、谦虚等。我认为与人为善的想法和公司的目标、使命以及个人的志向相一致时，公司就强而有力。

我读了二年前塾长写的《活法》一书，这是塾长教诲之集大成。应该抱何种观念去生活和工作，写得非常具体，读后深受感动。我确信书中的理念如果能与员工共有，员工就能幸福，企业就能发展。

因此，一开始我就将此书分发给了全体员工，并要求每位员工都写出读后感。经认真考虑后，我觉得员工理解后，要让员工将学习心得告诉钟点工有困难。员工有 3 000 名，而钟点工有 10 000 名。

于是 10 000 名钟点工也每人发一本。写不写读后感对钟点工没有要求，但钟点工中也有很多人写了心得。

有一个店早会结束，有位钟点工来向我表达谢意，他说："这本书不但我读了，我孩子也读了，我和孩子还谈了许多感想，真好！"

现在开会时或社内报上经常引用书中的语录。我从自己的切身体验出发，告诉新提拔的管理人员，当地位或业务内容有变化时，再读《活法》这本书会有与此前不同的感受。另外，在困惑时读这本书就能找到解决问题的方法。这本书你们要反复学。

平和堂明年将迎来创业 50 周年。为了公司 60 年、70 年、80 年持续成长，就要树立高目标，加强员工教育，我自己要把塾长的教导更多地付诸实践，永远保持"谦虚谨慎，不骄不躁，努力奋斗"的精神。